전쟁과 평화

Imperial Russia

AD 1696 - 1917

타임라이프 세계사 15 _ 제정 러시아

전쟁과 평화

Imperial Russia

AD 1696 - 1917

타임라이프 북스 지음 | 김한영 옮김

:: 차례

전쟁과 평화

로마노프 왕조가 통치한 300년의 러시아

─제정 러시아의 개관과 연표

1613년 7월 11일 모스크바의 우스펜스키 성당(성모 승천 성당)에서 새 차르의 대관식이 거행되었다. 세상의 기대를 한몸에 받고 있는 새 차르의 이름은 미하일 표도로비치였다(미하일 로마노프, 또는 미하일 3세라고도 불린다─옮긴이). 근대 국가의 날개를 펼치던 러시아는 15년 동안의 전쟁과 국내 격변으로 빚어진 이른바 혼란시대를 막 통과한 후였기 때문에, 사람들은 '표도르의 아들'인 16세의 미하일 표도로비치가 러시아를 보다 부강한 나라로 이끌기를 간절히 소망했다. 그가 물려받은 몇 가지 유산 중 하나가 바로 과거의 영광이었다. 미하일 3세는 로마노프 가문 출신이었는데, 로마노프

는 러시아의 가장 위대한 통치자로 역사에 이반 뇌제('벼락의 제왕')로도 기록되어 있는 이반 4세와 안드레이 코빌라코슈킨 가문의 혼인으로 탄생한 가문이었다.

이반 4세는 러시아 최초의 차르였다. 그는 16세기 중반에 권좌에 올라 모스크바 대공이 되었다. 모스크바 공국은 현재의 모스크바와 그 주변 지역을 포함한 나라로, 당시 러시아 땅에 존재한 많은 공국들 중 하나였다. 그러나 이반은 공국 하나만을 통치하는 것으로는 성이 차지 않았다. 그는 자신을 차르─로마 황제의 이름이자 로마 황제를 뜻하는 단어 '카이사르'에서 유래─로 칭하고, 러시아 전체를 지배하는 적법한 통

1547
이반 4세(뇌제), '차르' 칭호를 얻다.
1533~84까지 통치.

1613
미하일 3세(재위 1613~45),
로마노프 왕조의 첫 차르가 되다.

1695-1725
표트르 1세(대제)의 단독 통치.

1700-1721
러시아와 스웨덴의 대(大)북방전쟁.

치자임을 선언한 다음 주변 공국들을 정복하기 시작했다. 그는 서쪽으로는 발트 해, 동쪽으로는 시베리아까지 영토를 확장함으로써, 그의 왕국이 미래에 대제국으로 발전할 수 있는 토대를 마련했다. 이반은 1584년 세상을 떠날 때까지 하나로 통일된 러시아를 절대 권력—독재 권력—으로 다스렸다.

이반의 후계자인 미하일 3세와 그 뒤를 이은 로마노프의 차르들은 혼란시대를 마감하고 이후 304년 동안 러시아를 통치했다. 그러나 이반의 제국주의적 야심을 가장 책임감 있게 실현한 지도자는 미하일의 손자이고 로마노프 왕조의 4번째 차르이자 최초로 황제의 칭호를 획득한 표트르 대제였다.

17세기 말 표트르는 농촌이 압도적으로 많고 종교적 성향이 짙은 광대한 국가를 물려받았다. 르네상스와 종교개혁의 흐름에서 빗겨나 있었던 러시아는 서양적

인 겉모습과는 달리 실상은 동양적이었고, 로마노프 가문의 문장인 머리 둘 달린 독수리처럼 두 종류의 마음이 혼재되어 있었다. 이 때문에 유럽에서 온 방문객들의 눈에 러시아는 낯설고 신비한 곳, 아름답지만 야만스러운 땅으로 비쳐졌다. 표트르는 이 러시아를 변화시키기로 결심했다.

먼저 표트르는 투르크, 페르시아, 스웨덴과의 전쟁을 통해 영토를 확장했다. 스웨덴으로부터 발트 해 연안을 빼앗아 남쪽 국경을 리가까지 넓힌 표트르는 발트 해 연안에 새로운 수도를 건설하고, 여기에 전혀 러시아답지 않은 이름인 상트페테르부르크(레닌그라드)라는 이름을 붙였다. 물론 모스크바는 여전히 수도로 남아 있었지만, 정부를 상트페테르부르크로 옮긴 것은 낡은 모스크바 공국의 종말과 새 러시아의 출발을 상징하는 사건이었다. 그것은 다가올 미래를 예고하는 신호탄이었다.

1762-1796
표트르 3세의 미망인 예카테리나 2세(대제)의 통치.

1812
나폴레옹, 러시아를 침략해 모스크바를 점령하나, 러시아의 항복을 받아내기 전에 퇴각하다.

1861
알렉산드르 2세(재위 1855~81), 러시아 농노를 해방하고 '해방황제' 명칭을 얻다.

1881
알렉산드르 2세 암살되고 그의 아들 알렉산드르 3세 즉위.

표트르는 특유의 열정과 결단력을 발휘해 내부적으로 러시아의 모든 면모를 일신하는 개혁운동을 펼쳤다. 그는 도로와 운하를 건설하고, 군대를 조직하고 해군을 창설했다. 그리고 정부조직을 개편하고, 교회와 국가의 관계를 새롭게 규정했으며, 산업·기술·경제 발전을 직접 지휘했다. 1725년 그가 사망할 당시 러시아의 모습은 이전과는 완전히 다른 모습으로 변해 있었다.

표트르 사후 37년 동안 러시아는 영향력이 없는 6명의 황제와 여제의 통치를 받았다. 이 거대한 제국에 다시 한번 유능하고 강력한 통치자가 등장한 것은 1762년에 들어서였다. 그녀는 독일의 작은 공국에서 로마노프 가문으로 시집을 온 공녀 조피 프리드리히 아우구스테였다. 그녀는 루터 교에서 러시아 정교로 개종하면서 예카테리나가 되었고, 후에는 표트르처럼 '대제'라는 칭호까지 얻었다.

예카테리나는 표트르와 공통점이 많았다. 그녀 역시 강력한 지도력과 원대한 야심을 바탕으로 러시아를 세계 일류의 강대국으로 발전시키고자 했다. 그녀는 공격적인 외교정책으로 영토를 크게 확장하는 한편, 내부 개혁에도 큰 힘을 쏟아, 200개 이상의 도시를 다시 세우고 도시간 도로를 건설했으며, 현대 교육이론에 따라 학교교육을 확립했다.

그러나 예카테리나는 표트르와 다른 점이 있었다. 두 통치자 모두 서구의 방식을 장려했지만, 표트르의 관심은 보다 실용적인 데 있었다. 예카테리나는 유럽 왕실 출신답게 그녀 자신을 문화적으로 세련된 '계몽군주'로 생각했다. 그녀는 러시아의 미술, 문학, 건축, 음악, 교육을 장려하는 데 모든 힘을 쏟았다. 그러나 시간이 흐르면서 예카테리나는 계몽군주보다는 전통적인 러시아 귀족에 가까워졌다. 이런 변화는 계몽철

1904 – 1905

러일전쟁.

1894

알렉산드르 3세 사망하고
그의 아들이자 로마노프 왕조의
마지막 차르인 니콜라이 2세 즉위.

1905. 1

상트페테르부르크에서 일어난
피의 일요일 사건,
1905년 1차 러시아 혁명에 불을 붙이다.

1914. 8

러시아, 연합군으로
제1차 세계대전에 참가하다.

학이 특히 러시아에서는 현실의 정책으로 쉽게 전환되지 않는다는 사실을 깨달으면서 가속화되었다.

예카테리나의 뒤를 이은 황제와 여제들 중에는 개혁적인 통치자도 있었고 반동적인 지배자도 있었다. 그러나 어느 통치자 밑에서든 4,500만 백성이 흩어져 사는 광대한 러시아는 거의 어떤 변화도 보이지 않았다. 상트페테르부르크와 모스크바—19세기 초 두 도시의 인구는 러시아 전체 인구의 1.5% 미만이었다—의 유럽 식 풍습과 분위기는 러시아의 나머지 지역과는 거의 상관이 없었다. 그곳에 사는 백성들은 전통문화와 전통종교와 전통적인 사회체제에 매몰돼 있었고, 토지와 가족, 마을, 교회에 얽매여 있었다.

1894년 니콜라이 2세가 왕위를 계승했다. 헌신적인 남편이자 관대한 아버지였던 그는 궁정보다 가정생활에 더 큰 관심을 쏟았다. 그럼에도 그는 전제정치를 유지하겠다고 결심하지만, 그의 능력이 결심을 따라주지 못했다. 그에겐 20세기 러시아의 격변을 이겨낼 지식과 경험이 없었다. 그의 시대는 외국과의 전쟁, 사회적 소외, 혁명으로 점철되었다. 마침내 변화가 찾아온 순간 니콜라이와 그의 가족은 강력한 물결에 힘없이 휩쓸렸고, 300여 년의 로마노프 왕조도 함께 떠내려갔다. 혼란시대에 권력을 잡은 왕조가 또 다른 혼란의 물결에 사라진 것이다.

앞으로 우리는 표트르 대제의 제국 통치기부터 니콜라이 2세의 최후까지 로마노프 왕조에 러시아 인들의 삶은 어떠했는가를 살펴볼 것이다. 그 속에는 농촌의 광활한 영지, 성장하는 도시들, 예카테리나 대제의 동궁(겨울궁전), 농부들의 오두막, 장원 영주들의 저택, 교회, 혁명, 전쟁 그리고 평화 속에서의 삶이 고스란히 담겨 있다.

1917. 11
블라디미르 레닌과 볼셰비키 당,
러시아 임시정부를 전복하다.
전국적인 내전 계속되다.

1922. 12
내전의 종식과 함께
USSR이 공식적으로 탄생하다.

1917. 3
니콜라이 2세 퇴위.
임시정부 수립과 함께
제정 러시아 시대가 막을 내리다.

1918. 7
니콜라이 2세와
그의 가족 살해되다.

북극해

동시베리아 해

올레뇨크 강

인디기르카 강

콜리마 강

레나 강

빌류이 강

시 베 리 아

베링 해

바이칼 호

만주

블라디보스토크 •

태평양

몽골

동해

중국

대한민국

일본

이후에 성립된 소련보다 더 컸던 19세기 제정 러시아는 서쪽으로 발트 해에서 동쪽으로 베링 해까지, 그리고 북극해에서 중앙 아시아까지 지구의 1/6을 완전히 덮을 정도의 광활한 제국이었다. 영토의 대부분을 차지하고 있는 거대한 평원을 가르는 것은 예로부터 유럽과 아시아의 경계 역할을 해온 우랄 산맥뿐이다. 다른 산맥들은 평원의 가장자리를 따라 솟아 있어 러시아의 경계가 어디인지를 보여준다. 남서쪽의 카르파티아 산맥, 흑해와 카스피 해 사이의 카프카스 산맥, 그리고 남쪽으로 험준한 아시아의 산맥들이 러시아의 경계와 일치한다.

그러나 해안에서 해안까지 약 8,000km에 이르는 광대한 영토지만 러시아의 중심은 항상 우랄 산맥의 서쪽이었다. 러시아가 처음 탄생한 곳도 서쪽의 모스크바였고, 표트르 대제가 그의 해군 기지 겸 국가의 수도이자 러시아의 '유럽으로 열린 창' 인 상트페테르부르크를 건설한 곳도 서쪽의 발트 해 연안이었다.

1 :: 서구로 눈길을 돌린 러시아

18세기 초 러시아의 위대한 통치자 표트르 대제는 황제로 불린 최초의 차르였다. 표트르는 거의 혼자의 힘으로 낡은 러시아를 진정한 제국으로 발전시켜 유럽의 강대국 반열에 올려놓았다. 왼쪽 그림에서 그는 러시아에 기독교를 전파했다고 전하는 성 안드레아 별 모양의 훈장을 가슴에 달고 있다.

1697년 이글거리는 8월의 태양 아래 암스테르담의 조선소에서는 여러 명의 목수들이 불만 섞인 표정으로 땀을 뻘뻘 흘리면서 30m 프리깃 함(목조 쾌속 범선으로, 상중上中 두 갑판에 포를 장착했다)의 선체를 완성하고 있었다. 그들 중에는 사람들이 표트르 목수라 부르는 원기왕성한 젊은이가 있었다. 온몸에 활력이 넘치는 25세의 젊은이 표트르 팀머만은 한 가지 일을 끝내면 쉴 틈도 없이 곧바로 새 일을 찾아나섰다. 호리호리한 체격의 이 젊은이는 2m나 되는 큰 키로 동료 목수들을 내려보았다. 둥글고 섬세한 윤곽, 오른쪽 뺨의 작은 혹, 날카로운 눈과 작은 갈색 콧수염을 가진 그의 얼굴은 긴장할 때마다 보일 듯 말 듯 미세하게 경련을 일으키곤 했다.

그는 다른 목수들과 똑같이 앞섶에 큰 단추가 달린 칼라 없는 붉은색 셔츠와 두꺼운 범포로 만든 흰색 짧은 바지를 입었고, 위가 뾰족한 원추형 펠트 모자를 쓰고 있었다. 그러나 다른 목수들의 옷과는 달리 그의 옷에는 얼룩이나 수선의 흔적이 없었다. 뿐만 아니라 표트르가 있는 자리에서는 다른 목수들이 항상 말과 행동거지를 조심하는 것이 분명히 눈에 띄었다. 그러면서도 애써 그러지 않은 척하는 것으로 보아 그들은 그의 진짜 신분을 알고 있는 것이 분명했다. 허름한 모습의 이 젊은이는 후에 표트르 대제란 이름으로 명성을 떨치게 될 러시아의 차르였다.

표트르 팀머만은 5개월 동안 네덜란드 목수들과 함께 일했다. 목수들은 고용주들로부터 절대로 그의 비밀을 알고 있다는 내색을 하지 말라는 주의를 받은 터였다. 매일 해가 뜨면 표트르는 도끼, 대패, 까뀌 등을 챙기고 나가 목수들 틈에서 일을 시작했다. 어느 관찰자가 기록하기를, "도끼로 말하자면 그는 그곳에서 일하는 어느 목수보다 솜씨 좋게 휘둘렀다"고 한다. 때로는 일꾼들 틈에 섞여 범선의 몸체에 쓰일 커다란 갑판보를 나르기도 했다. 일을 하다 지치면 잠시 통나무에 걸터앉아 휴식을 취했다. 다른 목수들과는 달리 그는 종종 오전 작업만 하고 오후에는 배를 몰거나 노를 저으며 시간을 보냈다.

그러나 표트르의 변장에는 중요한 목적이 있었다. 1697년 봄, 젊은 차르가 신분을 감추고 유럽을 암행하기로 결심한 것은 투르크 족과의 전쟁을 위해 동맹국을 확보하고 서구의 기술과 지식을 얻기 위해서였다. 약 250명의 러시아 사람들이 서유럽을 도는 18개월의 대(大)사절 여행에 참가했다. 그들 중에는 목공 기술, 돛 제작, 돛대 제작과 같은 중요한 기계 기술을 습득하기 위해 참가한 35명의 '지원자'가

러시아의 문호 푸슈킨은 1697~98년에 유럽을 암행한 표트르에 대해 "때로는 뱃사람으로, 때로는 목수로 끊임없이 일을 했다"고 적었다.

포함되어 있었다.

　지원자 중 한 명은 표트르 미하일로프, 일명 표트르 팀머만이라는 이름의 선원이었는데, 그가 바로 러시아의 젊은 차르였다. 그의 변장에 속는 사람은 아무도 없었지만, 표트르를 고용한 주인들은 그의 계획에 흔쾌히 동의하여 공식방문에 수반되는 절차와 의전을 생략했다.

　긴 여행을 계속하는 동안 표트르는 박물관, 연구소, 식물원을 방문했고, 해부학 강의에 참석해 인체해부를 목격했으며, 모든 종류의 공장을 둘러보았다. 그는 관리와 노동자들에게 거리낌없이 질문하면서 막대한 분량의 지식을 기록했고, 때로는 공장의 기계를 직접 운전하기도 했다. 광장에서 이를 뽑는 시범을 구경하고 그 방법을 배운 후에는 도구를 구입해 불쌍한 수행원들의 이를 검사한 뒤 직접 시술하기도 했는데, 어떤 땐 잇몸이 뭉텅 뽑혀 나오는 경우도 있었다. 독일의 항구도시 쾨니히스베르크에서는 한 대령으로부터 표트르 미하일로프라는 이름으로 포병 교육을 받고, '숙달된 포격수'임을 인정하는 증명서까지 받았다.

　여행 중 그를 접대한 귀족들 중에는 표트르의 매력에 반한 사람이 여럿 있었다. 여행 초기에 하노버의 선제후 미망인 소피아와 그녀의 딸이 그를 만찬에 초대했다. 그가 손가락으로 음식을 버무려 먹다가 종종 옷에 흘리는 것을 보고 소피아는 그의 식사예절이 '조금만 덜 촌스러웠으면' 좋겠다고 생각했다. 그럼에도 그녀는 친구에게 보내는 편지에 그에 대한 칭찬을 늘어놓으며, 그가 "매우 활달한 마음"과 "고상한 감정"의 소유자이며, "대단히 유쾌하고 말이 아주 많다"고 언급했다.

　하노버의 만찬은 무도회로 이어졌는데, 이 자리에서 무도회의 기술적인 비밀이 하나 밝혀졌다. 춤 파트너를 안는 순간 고래수염을 넣은 코르셋이 만져지자 표트르는 깜짝 놀랐다. 러시아에는 그런 속옷이 없었던 것이다. 그는 엉겁결에 "독일 숙녀의 뼈는 엄청나게 단단하군요!"라고 소리쳤다. 그보다 훨씬 더 놀란 사람은 열 살 먹은 어느 공주였다. 표트르는 어린 공주를 지목해 특별한 관심을 보이면서 그녀의 두 귀를 잡아 자신의 얼굴까지 들어올리고는 입을 맞췄다.

폴란드를 떠나 영국으로 건너간 후부터 그를 맞이한 주인들은 그에게 별다른 매력을 느끼지 않았다. 런던에서 표트르와 그의 일행은 존 이블린이란 영국인의 집을 임대해 거처로 삼았다. 그 집은 영국 해군의 조선소가 가까웠기 때문에 그곳을 오가며 조선학을 공부하기에 좋았다. 그는 또한 왕립 그리니치 천문대, 런던 탑, 국회의사당을 둘러본 후 일지에 이렇게 적었다. "백성들이 왕에 대해 진실하고 솔직하게 이야기하는 것이 듣기 좋았다. 우리가 영국으로부터 배워야 할 점이다." 그러나 그가 배우지 못한 것은 자제력이었다. 표트르와 일행들은 임대한 집에서 거칠고 방종한 모스크바 스타일로 여러 차례 떠들썩한 술잔치를 벌였다. 그들은 가구를 부수고, 커튼을 찢고, 벽과 바닥에 얼룩을 묻히고, 잔디밭을 진흙탕으로 만들고, 벽에 걸린 초상화를 과녁으로 이용했다. 이블린은 결국 왕실의 국고에서 보수비용으로 350파운드를 지급받았다.

표트르는 런던과 암스테르담의 도시와 교외 지역을 좋아했고, 석조건물의 수와 크기와 우아함에 매료되었다. 20만 명에 이르는 주민이 모여 사는 대도시 모스크바에도 4만 가구라는 많은 주택이 있었다. 그러나 러시아의 수도에서는 부자나 빈자나 똑같이 통나무로 만든 집에서 살았다. 차이가 있다면 가난한 사람들은 초라한 오두막에서 살았고, 귀족들은 대개 작은 창문이 달린 단층 저택에서 살았다. 두 가지 형태의 주택 모두 화재가 나면 순식간에 폐허로 변했다.

유럽 여행을 마치고 5년 후 표트르는 제국의 새로운 수도 상트페테르부르크를 건설하기 시작했다. 상트페테르부르크는 널찍한 대로와 암스테르담 같은 운하, 그리고 석조건물이 들어선 계획도시였다. 그리고 표트르는 30년의 통치기간 내내 침체한 러시아를 끌어올려 존경받는 유럽의 강대국으로 변화시킬 혁신적인 정책들을 추진했다. 그러나 그의 후계자들 중 그와 같이 의미 있는 개혁을 열망한 사람은 오직 한 명, 예카테리나 2세뿐이었다. 그녀는 유럽뿐 아니라 전세계의 거의 모든 사람들을 매료시킨 여성이었다.

전문지식에 대한 표트르의 갈망이 싹튼 것은 특이하고 때때로 공포스러웠던 어린 시절부터였다. 그의 부친 알렉세이는 마리아 밀로슬라프스카야와 결혼했지만, 황후는 차르가 40세 되던 해에 그의 여섯 딸과 병약한 두 아들 표도르와 이반을 남기고 세상을 떠났다. 2년 후 알렉세이는 재혼했다. 사실 그는 아름답고 젊은 귀족 여성인 나탈랴 나리슈키나와 사랑에 빠졌지만, 경합을 통해 차르의 아내를 선발하는 전통적인 절차를 따르기로 했다.

관습에 따라 러시아에서 가장 아름답고 사랑스러운 처녀들이 모스크바의 크렘린으로 소집되었다. 그런 다음 궁정의 최고 지위에 있는 부인들이 황후의 후보들을 검사해 자격이 부족한 사람들을 탈락시켰다. 검사방법은 후보들에게 질문을 던지는 것 외에 그들의 알몸을 구석구석 검사하고 만져봄으로써 육체적인 매력을 확인하는 것이었다. 탈락자는 집으로 보내졌고, 시험을 통과한 후보들은 초조하게 서서 차르의 선택을 기다렸다. 알렉세이는 젊은 여성들 사이를 걸어다녔지만, 그것은 과거의 차르들처럼 후보들을 평가하기 위해서가 아니라, 이미 점찍어놓은 여성을 찾기 위한 것이었다. 마침내 나탈랴 앞에서 걸음을 멈춘 그는 황금과 진주가 수놓아진 손수건을 그녀에게 건넸다. 그녀는 손수건을 받았고, 그것으로 두 사람의 약혼이 성립되었다.

나탈랴와 함께 나리슈킨 가문의 사람들이 궁정에 들어와 첫 번째 황후의 가문인 밀로슬라프스키 사람들이 쥐고 있던 권력과 명예를 빼앗았다. 그때부터 두 집안 사이에 맹렬한 적대감이 끓어오르기 시작했다. 나탈랴는 1672년 표트르라는 이름의 건강하고 씩씩한 아들을 낳아 차르를 기쁘게 했고, 뒤이어 두 딸을 더 낳았다. 그러나 알렉세이는 표트르가 태어난 지 3년 반 만에 15세의 큰아들 표도르에게 왕위를 물려주고 세상을 떠났다. 표도르는 복수를 위해 친어머니 가문인 밀로슬라프스키 사람들과 손을 잡고 표트르의 모계 친척들을 고위직에서 깨끗이 몰아냈다. 나탈랴와 아들 표트르는 모스크바 근교의 시골 마을인 프레오브라젠스코에의 소박한 저택으로 이사했다.

새 차르는 자주 아팠기 때문에 네 살 위의 누나 소피아가 국정을 맡았다. 갈수록 쇠약해졌던 표도르는 후계자를 세우는 일에 고심해야 했다. 정신 지체를 앓는 동생 이반을 내세우고 소피아에게 섭정을 맡기든지, 인기 있는 이복형제 표트르와 그를 조종하는 나탈랴에게 권좌를 내주든지 둘 중 하나를 선택해야 했다. 1682년 4월 표도르가 사망하자 소피아는 자신의 지위를 유지하기 위해 계략을 폈다. 그녀는 모스크바 스트렐치(22개 연대 병력의 근위대) 사이에 나리슈킨 사람들이 동생 표도르를 암살했고 그것도 모자라 이반까지 살해하려 한다고 소문을 퍼뜨렸다. 분노에 찬 스트렐치는 크렘린으로 진격해 왕궁을 휩쓸고 다니며 나리슈킨 지지자들을 닥치는 대로 살해했다. 그럼에도 표트르는 5월 26일 민심을 등에 업고 이반과 공동으로 제위에 올랐다. 그러나 소피아는 섭정의 자리에서 러시아를 직접 통치할 의도를 확고히 하고자 표트르와 그의 어머니를 다시 한번 프레오브라젠스코에로 내쫓았다.

표트르가 크렘린에서 자랐다면 그의 조상들처럼 가정교사들의 감시를 받으며 하루하루 계획된 삶을 살아야 했을 것이고, 자발성이나 독립성이 싹틀 최소한의 공간마저 빼앗겼을 것이다. 그러나 그는 교외의 유배지에서 흥미로운 일들에 마음껏 몰두할 수 있었다. 이 강건한 어린이는 힘과 호기심이 넘쳤다. 그는 가정교사로부터 읽기와 쓰기, 기도문 암송, 시편과 신약을 배웠다. 표트르는 부실한 교육을 스스로의 탐험을 통해 보충했다. 기계장치에 남다른 흥미를 느꼈던 그는 기계가 어떻게 작동하는지를 알아보기 위해 직접 분해해보기도 했다. 또한 목수 일을 좋아해서 몇 시간 동안 목세공에 매달리

곤 했다.

프레오브라젠스코에서 표트르는 또한 친구를 마음대로 사귈 수 있었다. 그와 함께 지냈던 아이들과 어른들 중 다수가 근처 '독일인 거주지'라 불리는 곳에 사는 사람들이었다. 1680년대에 다양한 국적을 가진 약 1,500명의 외국인들을 그곳에 살도록 제한했다는 사실은 그들을 바라보는 러시아인들의 좋지 않은 눈초리를 짐작하게 한다.

그 거주자들 중에는 다양한 종류의 기능공들이 포함돼 있어, 어린 차르는 열심히 그들의 기술을 배우고 익힐 수 있었다. 그들 중 여러 장인들이 유럽 식 디자인의 가구들, 가령 겉천을 씌운 의자나 상감을 넣은 대좌식 탁자, 시계 등을 만들었는데, 러시아 신사 계층 사이에서는 목조 벤치, 궤, 긴 식탁 등 전통적인 가구에 이런 물건들을 더하는 것이 하나의 유행이었다. 그 외국인들 틈에서 자란 탓에 표트르는 이방인에 대한 러시아 사람들의 해묵은 적대감을 갖지

어린 차르가 가정교사와 함께 그가 평생 관심을 기울였던 분야인 조선과 축성을 공부하고 있다. 차르가 되었을 때 표트르는 러시아 최초의 함대를 창설했다.

21

않게 되어, 군주로서는 이례적으로 평등주의적 시각을 갖게 되었다.

16세에 표트르는 태양을 비롯한 천체들의 위치를 확인하는 데 사용하는 천문 관측의인 아스트롤라베를 손에 넣었다. 그 원리를 설명해줄 사람을 찾던 중 그는 팀머만이란 이름의 네덜란드 상인을 만나게 되었다. 팀머만의 지도하에 표트르는 수학과 탄도학, 축성술과 같은 군사기술들을 진지하게 공부하기 시작했다. 그는 여러 권의 노트에 공부하면서 푼 문제들을 꼼꼼히 필기했지만, 어린 시절의 부실한 교육 탓에 그의 글에는 문법과 철자상의 오류가 심심찮게 등장했다. 어느 날 팀머만과 함께 낡은 창고를 뒤지던 표트르는 난파된 배 한 척을 발견했다. 그것은 선체가 깊고 둥글고 이물이 뾰족한 영국 범선이었는데, 팀머만에 따르면 바닥이 편평한 러시아 범선보다 성능이 우수하다고 했다. "왜 우수한가?" 표트르가 물었다. "순풍을 탈 수도 있고 역풍을 탈 수도 있기 때문이지요." 팀머만이 대답했다.

그는 팀머만의 설명을 꼭 시험해보겠다는 일념으로 외국인 목수 한 명을 고용해 재목을 교체하고 선체에 타르 칠을 하게 했다. 수리가 끝나자 그는 배 위로 뛰어올라 키를 잡았고 곧 바람을 이용하는 법을 배웠다. 그는 배를 모는 것뿐 아니라 항해의 모든 면을 좋아했다. 그리고 후에는 그 작은 배를 가리켜 '러시아 해군의 조상'이라 불렀다.

여러 해 동안 소피아는 이복동생인 표트르가 자신의 권력을 위협하는 존재가 되었다는 사실을 마음에 새기고 있었다. 1689년 나탈랴가 17세가 된 표트르의 아내로 예브도키야 로푸키나라는 귀족여성을 선택하자, 소피아는 스트렐치가 자신을 위해 나설 때가 되었다고 판단했다.

1689년 8월 자정이 조금 넘은 시각, 누군가가 표트르를 깨웠다. 표트르의 가문에 충성을 바치던 두 명의 궁정 근위병이었다. 그들은 소피아가 한 사람당 25루블을 주고 스트렐치를 매수해 다음날 밤 표트르의 마을을 포위하고 그와 관련된 모든 사람, 그의 어머니와 아내, 하인들, 측근들과 친구들을 살해하려 한다는 사실을 은밀히 전했다. 어릴 적 스트렐치 대학살의 끔찍한 기억을 떠올리던 표트르는 즉시 침대에서 일어나 말에 안장을 얹고 잠옷 바람으로 숲 속으로 도망쳤다. 한 수도원으로 도피한 그는 가족과 지지자들에게 기별을 전했고, 즉시 많은 사람들이 그 신성한 수도원의 든든한 석벽 안으로 모여들었다.

얼마 후에는 다수의 스트렐치 연대와 그밖의 군대가 표트르를 지지하기 위해 수도원으로 진군했다. 자신의 군사력이 나날이 감소하자 소피아는 정교회의 총대주교를 보내 협상을 시도했다. 그러나 총대주교 역시 표트르 편에 합류하자, 결국 그녀는 이복동생을 직접 설득하기 위해 말을 몰고 수도원으로 갔다. 그러나 문 앞에 당도한 그녀에게 날아온 소식은 표트르가 그녀를 보고 싶어하지 않는다는 것이었다. 지지자들도 거의 모두 떠난 마당에 소피아는 표트르에게 항복하는 수밖에 없었다. 이번에는 그녀가 수녀원으로 추방되었다.

이로써 나탈랴가 소피아 대신 섭정이 되었다. 이반은 여전히 공동 차르였지만, 또 한 명의 차르인 표트르를 대신해 어머니인 나탈랴와 그녀의 조언자들이 국정을 운영했다. 표트르의 부인은 많은 교육을 받지 못한 여성이었기 때문에, 남편이 열정적으로 추구하는 것들을 함께 나누기 어려웠다. 의무적으로 아들 알렉세이를 생산한 것 외에 표트르는 대체로 부인을 무시했다.

표트르에게는 러시아 해군의 창설이 더 중요한 것 같았다. 1692년 그는 러시아 남서쪽에 있는 보로네슈에 소규모 함대를 건조하라고 명령했다. 때로는 그가 직접 도끼나 망치를 들고 현장에 나가, 어릴 적 독일인 거주지의 장인들에게서 배웠던 기술을 뽐냈다.

2년 후 어머니 나탈랴가 세상을 뜨자 21세의 표트르가 마침내 권력을 잡았다. 1695~1696년에 젊은 차르는 투르크와의 전쟁에서 승리해 돈 강 유역

| 모스크바의 크렘린 궁 |

"모스크바 위에는 크렘린밖에 없고, 크렘린 위에는 하늘밖에 없다." 장엄한 크렘린(러시아어로 '요새')에 대한 러시아 속담이다. 크렘린 궁에는 러시아의 세속적·종교적 유산이 망라되어 있었고, 14세기부터 17세기까지 러시아 정부와 러시아 정교회의 본부가 자리잡고 있었다. 그러나 모스크바의 크렘린이 러시아 최초는 아니었다. 노브고로트, 수즈달, 프스코프 같은 오래된 도시들이 이미 훌륭한 성채들을 자랑하고 있었다. 1156년 유리 돌고루키 공은 모스크바 강 언덕에 작은 마을을 건설하고 외부의 공격에 대비해 소나무 울타리로 마을을 에워쌌다. 시작은 초라했으나 결국 그것이 러시아에서 가장 큰 성채가 되었다.

여러 번의 공격이 있었지만 부락은 살아남았고, 갈수록 번성하여 1300년대 중반에는 더욱 넓어진 성벽 안에 3만 명이 넘는 귀족, 상인, 장인들이 거주하는 성채가 되었다. 그러나 크렘린이 오늘날과 같은 건축의 보고로 변모한 것은 그로부터 100년 후 이반 3세가 주변의 영토들을 통합하고 비잔틴 제국의 마지막 황제의 조카딸과 결혼하면서 모스크바를 '제3의 로마'로 선언할 때부터였다. 그는 이탈리아와 러시아에서 최고의 건축가들과 예술가들을 불러들여 성채 안에 교회와 궁전들을 짓게 하고, 그 주위를 붉은 석벽으로 에워싼

왼쪽의 17세기 지도에서 모스크바의 크렘린은 바퀴의 중심처럼 도시 한가운데에 깊숙이 자리잡고 있다. 러시아의 수도는 몇 차례에 걸쳐 성채 외곽으로 둥그렇게 확장되었는데, 그때마다 성벽을 쌓고 크렘린의 성문으로 직접 통하는 도로들을 좌우로 건설했다.

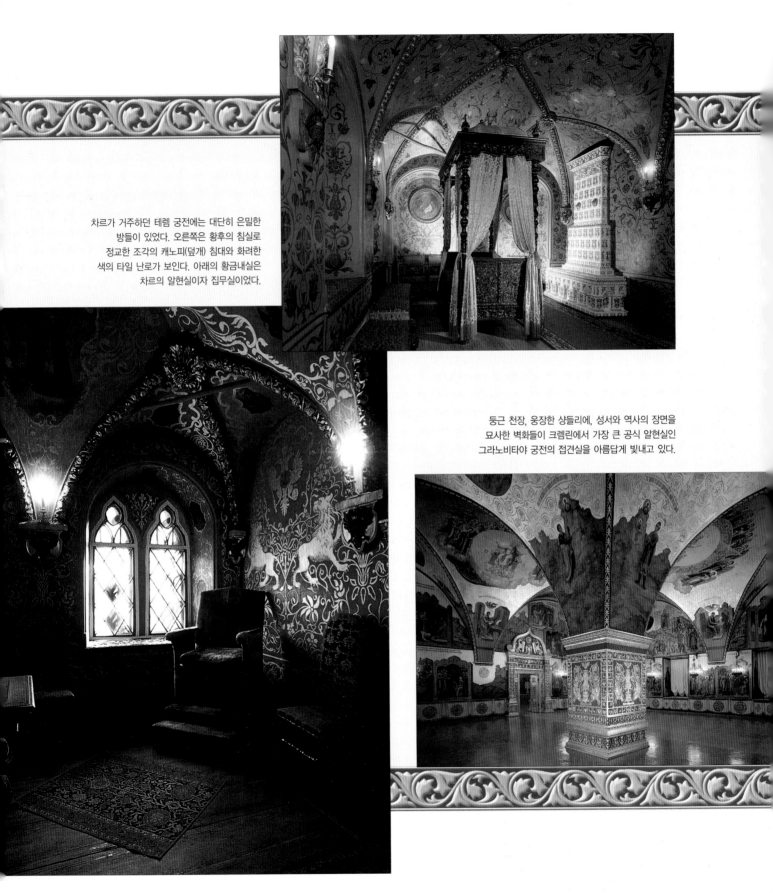

차르가 거주하던 테렘 궁전에는 대단히 은밀한
방들이 있었다. 오른쪽은 황후의 침실로
정교한 조각의 캐노피(덮개) 침대와 화려한
색의 타일 난로가 보인다. 아래의 황금내실은
차르의 알현실이자 집무실이었다.

둥근 천장, 웅장한 샹들리에, 성서와 역사의 장면을
묘사한 벽화들이 크렘린에서 가장 큰 공식 알현실인
그라노비타야 궁전의 접견실을 아름답게 빛내고 있다.

다음 석벽 중간중간에 당당한 탑들을 세웠다.

1672년 표트르 대제가 태어날 당시 이 대건축물의 탁월한 외양과 기능은 이미 조화롭게 확립돼 있었다. 차르들은 보석과도 같이 아름다운 블라고베첸스키 성당(수태고지 성당)에서 세례를 받고 결혼식을 올렸으며, 우스펜스키 성당(성모승천 성당)에서 대관식을 거행했고, 죽은 후에는 은빛 돔의 아르항겔스키 성당(대천사 미하일 성당)에 안치되었다. 그 사이에는 테렘 궁전에서 멋지게 생활하고, 그라노비타야(다면체 궁전)의 화려한 홀에서 귀족들과 고위 성직자들을 접견했다.

황제의 가족을 중심으로 수천 명의 조신, 장인, 군인, 성직자들이 수십 개의 다른 궁전들과 교회, 수도원, 병기고, 병기 공장, 작업장에서 맡은 바 직무를 수행했는데, 모든 구역의 넓이를 합치면 26만m²에 이르렀다. 차르 시대의 러시아를 방문한 마지막 프랑스 대사의 눈에, 크렘린에 공존하는 노골적인 물질주의와 고결한 영혼의 이중성은 러시아의 특성을 그대로 반영하는 것으로 비쳐졌다. 그는 크렘린의 성벽 안에 "러시아 국가의 대서사시와 러시아 영혼의 정신적 드라마가 모두" 담겨 있다고 기록했다.

우스펜스키 성당은 성장을 드리운 5층의 칸막이 방이 제단과 본당 회중석을 분리하고 있는 것이 특징이다. 1547년부터 차르의 대관식은 이곳에서 거행되었다.

의 아조프 식민지를 손에 넣음으로써 흑해를 통해 남쪽으로 진출할 수 있는 발판을 마련했다. 표트르는 결국 투르크와 평화협정을 맺었지만, 21년 동안 이른바 대(大)북방전쟁을 지휘하면서 발트 해로 진출할 수 있는 교두보를 얻기 위해 스웨덴과 치열한 각축을 벌였다.

모스크바 스트렐치에 대한 증오와 불신은 차르로 하여금 스트렐치 연대들을 먼 지방으로 내몰게 했다. 표트르가 대사절단을 이끌고 유럽을 여행하는 동안, 폴란드 국경에 배치된 스트렐치 4개 연대는 오랜 군무에 지쳐 반항적으로 변해갔다. 그들은 밀린 임금이 지불되고 모스크바에 두고 온 가족들에게 돌아갈 허락이 떨어지기만을 기다렸다. 불만에 찬 그들은 표트르에게 청원하기 위해 대표를 보냈으나, 1698년 여름 차르가 귀족들에게 국정을 맡기고 이미 1년 넘게 유럽을 돌아다니고 있다는 사실을 알고는 놀라움을 금치 못했다. 열악한 자신들의 처지에 대한 분노에다 실정에 대한 소문까지 겹쳐 결국 몇몇 부대는 쿠데타를 노리고 모스크바로 진격했다.

표트르가 반란 소식을 들은 것은 빈에서였다. 격노한 그는 "밀로슬라프스키 가문의 씨가 또다시 싹을 내밀었구나!"라고 외쳤다. 그는 수하 몇 명을 대동하고 즉시 빈을 떠나 모스크바를 향해 밤낮으로 말을 몰았다. 폴란드에 도착할 무렵, 그는 두 명의 지휘관이 반란군을 격파하고 130명의 스트렐치 근위병을 사살했으며, 2,000명 이상을 체포했다는 소식을 들었다.

표트르는 모스크바에 도착하자마자 아직 스트렐치 문제가 끝난 것이 아님을 보여주었다. 어린 시절 목격했던 학살의 기억이 그로 하여금 극단적인 복수를 하도록 내몬 것이 분명했다. 그는 몇몇 반란자의 머리를 도끼로 직접 내리쳤다. 다른 반란자에 대해서는 매듭이 있는 채찍으로 때리고, 불로 그슬리고, 형차에 매달아 찢는 등 끔찍한 고문을 가했다. 그런 다음 소피아가 배후를 조종했을 것이라는 확신하에 그녀를 심문하기 시작했다. 그러나 소피아는 반란군과의 관계를 완강히 부인했다. 결국 그녀로부터 원하는 이야기를 얻어내지 못한 표트르는 소피아를 다시 수녀원으로 돌려보냈다. 그곳에서 그녀는 수녀로 여생을 보냈다.

몇 달이 지나고 몇 년이 흐르는 동안 표트르는 피 묻은 손을 씻고 보다 희망적인 국가사업에 관심을 돌렸다. 일찍이 러시아의 새 전망을 갖고 유럽에서 돌아온 그는 이제 국민의 힘을 모아 중요한 국가사업들을 추진하기로 결심했다. 개혁의 과정에서 소중한 전통이 희생되는 것은 어쩔 수 없는 일이었다. 예를 들어, 그가 문제라고 생각한 것 중에는 그리스도의 탄생일이 아니라 사람들이 천지창조의 날이라고 믿는 9월 1일에 한 해가 시작되는 러시아 달력이 있었다. 유럽에서 세기의 시작으로 보고 축하하는 1700년이 러시아에서는 7208년이었다. 표트르는 서구 유럽과 일치하는 달력을 도입하는 칙령을 선포했다.

깔끔하게 면도한 모습으로 유럽에서 돌아온 표트르는 궁정에 출입하는 귀족들의 모습을 보고 기겁을 했다. 그는 러시아 남성들이 남성다움과 교회에 대한 헌신을 상징하는 것으로 여기고 애지중지하는 길고 복슬복슬한 턱수염을 혐오스럽게 생각했다. 말끔한 턱을 가진 군주의 눈에 그런 수염은 단지 섬세한 서양 문화가 결핍되었음을 드러내는 증거로만 보였다. 그는 폴란드에서 구입한 가위를 가져오게 해서 경악하는 귀족들의 수염을 직접 잘랐다. 그런 다음 앞으로는 성직자와 농부를 제외하고 러시아의 모든 남성은 반드시 면도를 해야 한다고 포고했다. 그리고 이 포고를 시행하기 위해 면도를 하지 않고 황제의 은전을 구하러 오는 사람은 알현 자체를 거부했다. 교회 관리들이 반대를 하자 다음과 같이 규정을 완화했다. 즉, 턱수염을 기르려면 돈을 내고 인가를 취득해야 한다. 인가를 취득한 사람에게는 특별히 동으로 만든 메달이 발행되어 이를 착용하게 했다.

목수로 변장하고 해외에 체류하는 동안 표트르는 종종 서양 옷을 입었다.

스트렐치 근위대 반란군들이 마차에 실려 크렘린 성벽 밖의 처형장으로 이송되는 것을 모스크바 시민들이 지켜보고 있다. 1698년 말에서 1699년 초까지 1,000명 이상의 근위병들이 교수되거나 참수되었다. 갖은 노력에도 표트르는 이복 누이인 소피아(왼쪽)가 스트렐치의 반란에 개입했다는 점을 입증하지 못해 마지못해 그녀의 목숨을 살려주었다.

　그가 보기에 서양 옷은 러시아 귀족들이 입는 길고 헐렁헐렁하고 소매가 넓은 카프탄보다 장점이 많았다. 귀족들은 일반적으로 화려한 공단(새틴)과 능라로 옷을 짓고, 여기에 높은 벨벳 칼라와 준(準)보석 단추를 단 사치스런 복식을 즐겼다. 러시아 겨울에 대비하기 위해 남자들은 카프탄 위에 모피 망토를 걸치고 높은 모피 모자를 썼다. 이 거추장스러운 의상과는 대조적으로 서구에서 입는 짧은 상의와 무릎 밑에서 홀친 반바지는 활동하기가 매우 편했다. 그래서 표트르는 다음과 같이 포고했다. 즉, 모든 러시아 국민은 남녀를 막론하고 부자는 즉시, 그리고 가난한 사람은 낡은 옷을 버리게 될 5년 이내에 '헝가리 옷이나 독일 옷'을 입어야 한다. 예전의 멋들어진 복장을 입고 공공장소에 나타나는 사람은 벌금을 무는 것에 그치지 않고 검열관에게 옷을 난도질당할 수도 있었다.

　러시아 여성들은 의무적으로 꽉 조이는 코르셋을 착용하고 넓게 펴진 틀 위에 치마를 겹겹이 입어야 했다. 슬프게도 황후는 이 유럽 식 의상을 입어 볼 기회가 없었다. 유럽에서 돌아온 지 사흘 만에 표트르는 아내 예브도키야를 수녀원으로 보내 수녀가 되게 했고, 그럼으로써 손쉽게 이혼했던 것이다. 여덟 살 난 아들 알렉세이는 누이들 중 한 명에게 맡겼다. 얼마 후 차르는 가장 가까운 조언자이고, 알렉산더 멘시코프의 하녀이자 연인의 2인 역할을 하는 젊은 리투아니아 여성 마르타 스카프론스카를 만났다. 1702년 멘시코프를 방문하던 중 표트르는 포동포동하고 건강하고 쾌활한 마르타가 식사 시중을 들고 있는 것을 보았다. 차르의 수행원 중 한 명의 말에 따르면, 그는 "농담 끝에 그녀에게 그가 잠자리에 들면 횃불을 가지고 그의 방으로 오라고 말했다"고 한다.

이후 마르타는 표트르가 총애하는 애인이자 가장 신뢰하는 동반자가 되었다. 그녀는 격노한 차르의 기분을 풀 줄 알았고, 심지어 떠들썩한 술잔치가 한창일 때에도 "이제 집에 갈 시간이에요, 귀여운 아빠"라고 말하며 그를 빼내올 줄도 알았다. 결국 그녀는 차르의 여섯 딸과 세 아들을 낳았으나, 딸 세 명만 살아남고 모두 어릴 적에 사망했다. 표트르는 1712년 마르타—러시아 정교로 개종한 후 예카테리나로 개명했다—와 공식적으로 결혼했다. 예브도키야가 아직 살아 있었기 때문에 차르의 재혼은 궁정에는 충격적이고 교회에는 도전적인 사건이었다.

2m에 가까운 엄청난 키로 다른 사람들을 굽어보다시피 했던 표트르는 또한 초인적인 힘을 지닌 사람이었다. 그는 동트기 전에 일어나, 남루한 외투와 닳아빠진 신발에 군데군데 꿰맨 스타킹 차림으로 외투 주머니엔 공문서를 가득 넣고 한 시간 후에 시작할

러시아 정교와 러시아 전통을 열렬히 신봉하는 한 구(舊)신자가 유럽 식 복장을 한 이발사가 턱수염을 자르려 하자 이에 저항하는 모습이 18세기의 목판화에 담겨 있다. 표트르의 명에 따라 많은 러시아 남자들이 수염을 깎았지만, 대부분의 사람들은 자른 턱수염을 훗날 자신이 죽을 때 함께 묻을 수 있도록 고이 보관했다.

턱수염과 콧수염이 각인된 이 메달에는 메달을 착용한 사람이 수염을 기르기 위해 세금을 납부했음을 알 수 있도록 "돈을 지불했다"라는 글이 새겨져 있다.

업무를 준비했다. 사람들은 그를 세상에서 가장 부유한 군주로 보았지만, 정작 그 자신은 사치를 싫어하는 검소한 사람이어서, 소박하기 그지없는 옷과 실내장식으로 종종 사람들을 놀라게 했다.

그러나 표트르에게는 가장 충성스런 신하들조차 그와 가까워지기를 꺼리게 만드는 또 다른 성격이 있었다. 그는 다른 사람들의 감정이나 능력의 한계를 조금도 고려하지 않았다. 화가 치밀 때면 친구들에게도 온갖 험한 말들을 쏟아냈고 때로는 물리적인 폭력까지 행사했다. 어느 조신의 묘사에 따르면, 표트르가 한 조신에게 주먹을 휘둘러 "상처에서 피가 철철 흐를 정도"였다고 한다. 또 한번은 나이가 지긋한 귀족을 벌거벗은 차림으로 뾰족한 모자만 씌운 채 네바 강의 얼음 위에 한 시간 동안 앉혀놓기도 했다. 그 귀족이 가면무도회에서 악마 복장을 입기를 거절했다는 것이 그 이유였다. 한 시간 후 집으로 실려간 그 늙은 귀족은 침대에서 숨을 거두었다.

흥겨운 분위기에서도 주변 사람들을 고려하는 마음이 없기는 마찬가지였다. 그의 축전들은 떠들썩한 폭음과 폭식이 특징이었는데, 심지어는 국빈들을 초대한 만찬도 예외가 아니었다. 그런 자리가 있으면 그는 상인, 장인, 공주, 고위 관리, 외교관뿐 아니라, 그리고 그들의 아내까지 모두 불러모았다. 집에서는 가족과 함께 소박한 음식을 간단히 먹었지만, 만찬이 열리면 9～12m 길이의 식탁에 300명이나 되는 사람들을 앉히곤 했다. 누구에게도 자리를 지정해주지 않았기 때문에, 한 목격자의 기록에 따르면 "의자를 차지하기 위해 난투극을 벌였다"고 한다. 표트르의 식탁에는 종종 목수들과 선장(船匠 : 배를 만드는 대목수)들이 옆자리에 앉아 그를 친근하게 대하면서 "표트르 선장"이라 불렀는데, 그는 이 호칭을 무척 좋아하는 것 같았다. 차르는 손님들이 앉으면 즉시 브랜디 한 컵을 권했고, 그런 다음 구색을 갖추는 의미로 다른 술들을 권했다. 한 영국 상인에 따르면, 한 번은 손님들이 너무 취한 나머지 술을 엎지르고 춤을 추고 싸우기까지 했는데, 차르도 그들 틈에 끼었다고 한다.

표트르는 엽기적인 장난을 좋아해서 만찬에 참석한 손님들에게 잊지 못할 공포를 안겨주기도 했다. 만찬에는 대략 70~80가지 음식이 나왔지만, 차르의 만찬에 자주 참석하는 사람들은 집에서 미리 식사를 하고 왔다. 한 손님의 기록에 따르면, 표트르의 요리사들이 "8~10마리의 어린 쥐를 실로 묶어 청완두 요리 밑에 숨기"거나 수프에 넣었기 때문이었다. 음식의 정체가 밝혀지면 풋내기 손님들은 "마치 짐승처럼" 토했다. 변화를 주기 위해 "종종 요리사들은 케이크 안에 고양이, 늑대, 까마귀 등을 넣은 다음, 손님들이 먹고 나면 그들 뱃속에 무엇이 들어갔는지를 이야기하곤 했다."

그러나 표트르는 그의 기이한 연회 때문에 국가의 중대한 사업을 망치는 일은 없었다. 스

유럽으로 열린 창

과거의 러시아와 더욱 확실히 단절하고자 1703년 표트르는 러시아의 수도였던 모스크바를 버리고 서쪽을 바라보는 새로운 러시아의 수도를 건설하기로 결정했다. 18세기 중반의 관점으로 볼 때 차르의 이름이 아니라 사도(성 베드로)의 이름을 붙인 것으로 추정되는 상트페테르부르크는 차르의 명으로 징집된 수천 명의 일꾼들에 의해 네바 강의 삼각주 위에 건설되었다. 이 도시는 발트 해 연안에 자리잡고 있어서 "유럽으로 열린 창"이라 불렸다. 표트르는 도로 계획에서부터 오른쪽 그림에서 볼 수 있듯 다양한 계층이 거주할 집의 설계에 이르기까지 도시건설의 모든 세부적인 면들을 직접 승인했다. 19세기의 한 프랑스 인 방문객은 다음과 같이 썼다. "상트페테르부르크에서는 표트르 대제의 위대한 그림자가 끊임없이 따라다닌다. 그의 그림자가 모든 기념물 위에 걸터앉아 있고, 모든 제방과 모든 광장을 배회하고 있다."

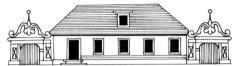

일반 납세자의 집

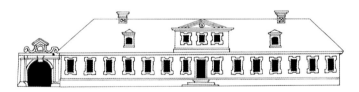

부유층의 집

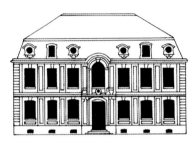

고관들의 대저택

웨덴과의 대북방전쟁이 치열해지자, 그는 모든 계층의 러시아 국민들에게 결정적인 영향을 미치는 개혁을 단행하기 시작했다. 전투를 치르기 위해서는 대규모의 체계적인 상비군이 필요했다. 이 목적을 이루기 위해 표트르는 모든 계층을 대상으로 의무징병제를 확립했다. 그와 함께 병역의 질을 높이기 위해 출신 계층에 상관없이 귀족이 될 수 있는 길을 열었다. 장교가 되면 자동적으로 귀족이 될 수 있게 한 것이다. 1705년 그는 과거의 무계획적인 모병제를 폐지하고, 대신 국민징병제를 실시해 신분이 낮은 수많은 국민들을 신병으로 받아들였다. 하인, 장인, 사무원은 물론이고, 전통과 법의 두 사슬로 영주에게 매여 있던 농노들까지도 군대로 끌어들였다.

새로운 러시아에서는 혈통보다 능력이 개인의 출세를 좌우할 것이 분명했다. 그에 따라 표트르는 사회적 지위와 공무 또는 군무를 연결시킨 등급표를 만들었다. 귀족부터 평민에 이르기까지 모든 러시아 남성은 등급표의 말단인 14급에서 시작해야 했고, 노력을 통해 8급까지 올라온 사람에게는 귀족의 지위가 부여되었다.

새로 태어난 군대에는 막대한 재정이 필요했지만, 현행 과세 제도는 심각한 결함을 안고 있었다. 세금의 원천인 대토지 소유자들은 갖가지 방법으로 세금 징수원들을 속였다. 예를 들어, 식솔에 대해 매기는 세금을 줄이기 위해 그들은 적은 수의 오두막집에 여러 가족을 몰아넣고 가구수를 줄여 신고했다. 그리고 경작지 면적에 따라 부과하는 경작세를 피하기 위해 많은 경작지를 놀리곤 했다. 이에 표트르는 새로운 세금제도를 도입했다. 인구조사를 실시한 후 영지에서 일하는 모든 개인에 대해 세금을 매겨 지주에게 부과한 것이다. 이 인두세는 몇 가지 광범위한 결과를 초래했다. 첫째, 한 명의 지주를 위해 일하는 모든 하인, 농민, 농노들이 하나의 비슷한 신분으로, 즉 토지에 속박된 농노 신분으로 통합되었다. 둘째, 경작세를 폐지함으로써 경지면적이 늘어났고, 그에 따라 러시아 농업생산이 크게 증가했다.

표트르의 개혁정책은 빈번하게 저항에 부딪혔다. 교육개혁이 대표적인 예였다. 표트르는 교육개혁을 통해 러시아를 변화시킬 전문인력을 양성하고자 했다. 그는 전국에 수십 개의 학교를 세웠다. 그러나 새로 문을 연 학교에는 학생이 부족했다. 어린 귀족들은 교실에 갇혀 공부하는 것을 지루해했고, 그들의 부모는 자식들이 하층계급 출신의 교사에게 매맞는 것을 원치 않았다.

상류계층을 대상으로 그들의 영지를 장남에게만 물려줄 것을 강제하는 개혁도 역시 심한 좌절에 부딪혔다. 표트르는 대규모 영지들이 그대로 보존되기를 원했다. 영지를 쪼개면 귀족과 농노 모두 몰락할 것이라고 믿었기 때문이었다. 그러나 러시아에서는 토지를 아들 딸 구분 없이 모든 자식에게 나눠주는 것이 전통이었고, 지주들은 그런 전통을 따를 권리까지 제약하는 것을 불쾌하게 생각했다.

표트르의 서구적인 방식들은 이방인에 대한 러시아 인들의 해묵은 불신과 지속적으로 마찰을 일으켰다. 차르의 반대자들은 그를 그리스도의 적이라 불렀는데, 그들 중에는 신앙이 부족해 보이는 그의 태도를 괘씸하게 여기는 성직자들도 포함되어 있었다. 그는 분명 그리스도 교인이었지만, 신앙의 기본교의를 벗어나는 것처럼 보이는 종교적 요구에는 반대했다. 성인에 대한 기도를 거부한 것도 그런 예 중 하나였다.

귀족들의 불만은 차르와 첫 번째 황후 예브도키야의 아들 알렉세이를 지지하는 흐름으로 이어졌다. 부왕과는 달리 알렉세이는 나태하고 소심했으며, 기술보다는 신학에 관심이 더 많았다. 표트르는 알렉세이가 권좌에 오르면 그가 이루어놓은 개혁을 후퇴시키지 않을까 걱정했다. 1718년 차르는 조사관들을 시켜 황태자의 정부를 심문했다. 겁에 질린 이 어린 여성은 알렉세이에게 해로운 치명적인 증거를 털어놓았고, 그 결과 27세의 황태자는 재판에서 사형을 선고받고 감옥에서 혹독한 고문과 매질을 당한 후 사망했다.

그로부터 6년 반 후에는 차르도 세상을 떠났다. 그는 군인들이 탄 배가 전복되자 얼어붙은 네바 강에 뛰어들어 구조작업을 도운 후 몸이 쇠약해졌고, 결국 그로 인해 죽음을 맞이했다. 표트르 대제 사후 러시아는 나약한 통치자들의 지배를 받았다. 1741년 러시아 왕위는 표트르와 예카테리나 사이에서 태어난 세 딸 중 한 명인 옐리자베타에게 돌아갔다. 미혼에 독신이었던 옐리자베타는 후계자로 14세의 조카이자 프로이센 공작의 아들인 표트르(카를 울리히, 후에 표트르 3세)를 지명했다. 그리고 어린 조카가 16세가 되자마자 조카의 신붓감을 찾기 위해 유럽의 공주들을 샅샅이 조사했다.

　　1744년 1월, 두 대의 마차가 발트 평야를 달렸다. 뒤쪽 마차에는 하인들이 타고 있었고, 앞선 마차에는 그들의 주인인 조피 프리드리히 아우구스테 공녀와, 프로이센의 안할트체르프스트라는 작은 공국의 왕비이자 조피의 어머니인 요한나 옐리자베타가 타고 있었다. 여행 목적은 비밀이었고, 여행길에 묵은 여관에서도 그들은 가명을 썼다. 여행자들은 서(西)드비나 강을 건너 러시아에 들어선 후에야 정체를 드러냈다. 그들은 러시아의 여제 옐리자베타가 초대한 손님이었다. 여제가 보낸 사자들이 국경에서 두 독일 공녀에게 눈부시도록 아름다운 검은담비 코트를 건넸고, 수행을 위해 파견된 연대가 군악대의 음악에 맞춰 그들 앞을 행진했다. 요한나는 남편에게 보내는 편지에 "이 모든 것이 평생 단 표트르 대제(오른쪽)와 알렉세이를 그린 이 초상화는 아들에 대한 차르의 태도를 예리하게 표현하고 있다. 그는 알렉세이가 나약하고 비겁하며 낡은 러시아 방식에 집착한다고 생각했다. 그는 황태자에게 "무가치한 아들보다는 가치 있는 남이 더 낫다"고 선언하면서, 왕위 계승에서 그를 "부패한 종양처럼" 잘라버리겠다고 위협했다.

한 번의 북소리로도 경의를 받아보지 못한 초라한 나를 위해 펼쳐지다니, 정말 믿을 수가 없습니다"라고 적었다. 그러나 군악대의 연주는 그녀를 위한 것이 아니라 14세의 매력적인 딸 조피를 위한 것이었다. 조피는 장차 러시아의 차르가 될 남자의 신부 후보감이었다.

이제부터는 깊이 쌓인 눈길을 가야 했으므로 모녀는 썰매가 달린 마차로 갈아탔다. 양쪽에 창문이 나 있는 작고 안락한 러시아 식 썰매 마차였다. 마차에 이르는 길에는 비단 쿠션과 양탄자가 깔렸고, 실내에 들어서자 따뜻하게 데운 돌들이 발밑에 놓여져 있었다. 일행이 출발하자 천장에 매달린 양초등이 마차의 움직임에 따라 흔들거렸다. 10마리의 말이 아름다운 마차를 끄는 동안 밖에서는 기병 대대가 마차를 호위했다.

약 1주일 후 일행은 모스크바에 도착했다. 엘리자베타 여제와 조신들은 모스크바에서 겨울을 보내고 있었다. 저녁 7시 깜깜한 도시에 들어선 그들은 환하게 밝혀진 목조건물, 안넨호프 궁전 앞에 멈춰섰다. 우아한 샹들리에가 번쩍거리는 넓은 홀에는 황실 전체가 그들을 기다리고 있었다. 그중엔 표트르도 있었다.

조피는 금발에 좁은 어깨를 가진 16세

의 소년이 친절하고 '아주 잘생긴' 것을 보고 대단히 만족했다. 어린 소녀와 어머니는 여제의 침실 바깥쪽에 있는 영접실로 안내되었다. 두 사람은 미리 지시받은 대로 옐리자베타의 손에 입을 맞췄고, 여제는 모녀를 따뜻하게 포옹했다. 조피는 후에 옐리자베타에 대해 "그녀를 처음 본 순간, 그 아름다움과 위엄 있는 태도에 충격을 받지 않을 수 없었다"고 평했다.

러시아에 머무는 동안 조피와 그녀의 어머니는 막대한 돈이 들어가는 화려한 궁정생활에 압도되었다. 옐리자베타와 그녀의 조신들은 식사와 파티를 위해 하루에도 서너 차례씩 드레스를 갈아입었다. 그러나 조피는 저녁에 자주 열리는 무도회에서 수백 명의 손님들과 어울리고 춤추는 것을 좋아했다. 여제가 좋아하는 일 중 하나는 남자들이 여자 옷을 입고 여자들이 남자 옷을 입는 가면무도회를 여는 것이었다. 한 무도회에서 꽉 조이는 남자용 타이츠에 무릎까지 오는 반바지를 입은 조피가, 넓은 버팀테가 든 치마를 입고 간신히 움직이는 키 큰 남자와 춤을 추었다. 조피는 "그가 내 손을 붙잡고 도는 도중에" 한 백작부인과 부딪혔고, 백작부인이 쓰러지면서 조피를 넘어뜨리자 조피는 치마 입은 남자를 붙잡고 늘어졌다고 회상했다. "세 사람 중 누구라도 다른 두 사람을 쓰러뜨리지 않고는 일어날 수 없었기 때문에 결국 다른 사람들이 와서 우리를 일으켜세웠다."

조피는 자신이 시험을 치르고 있다는 사실을 잘 알고 있었으며, 처음부터 여제의 눈에 들기 위해 최선을 다했다. 그녀는 한 마디도 하지 못했던 러시아 말을 즉시 배우기 시작했다. 곧 그녀는 옐리자베타에게 러시아 어로 된 편지를 쓰기 시작했다. 물론 프랑스 어로 먼저 쓴 편지를 그녀의 교사가 번역해주었다는 사실은 비밀로 했다. 신앙심이 깊은 여제가 그녀에게 개종을 요구할지 모른다는 사실을 알았을 때에는 루터 교 관습을 접고 러시아 정교회의 가르침을 따르기 시작했다. 심지어 병중에 있을 때에도 그녀는 자신의 목표를 잊지 않았다. 폐렴으로 앓아 누운 그녀를 위해 어머니가 목사를 부르겠다고 하자, 조피는 목사 대신 정교회 신부를 요청했다. 이 행동을 기특하게 여긴 여제는 의사가 그녀의 발에서 정맥을 따고 60ml의 피를 뽑는(나쁜 피를 뽑아내 병을 낫게 하는 수술법-옮긴이) 동안 그녀의 머리를 사랑스럽게 쓰다듬어주었다.

"그녀를 처음 본 순간,
그 아름다움에 충격을 받지 않을 수 없었다."

조피의 노력은 헛되지 않아서 여제는 곧 이 기특한 소녀의 개종 의식과 약혼식을 계획했다. 조피는 모스크바 안넨호프 궁전의 예배당 한가운데 서서 금은보석으로 장식된 성상들에 둘러싸인 채 거의 완벽한 러시아 말로 신앙고백을 낭독했다. 그리고 개종과 함께 예카테리나라는 새 이름을 받았다. 조피는 러시아에 도착한 지 5개월 만에 그녀를 선택한 사람들을 완전히 사로잡았다.

이듬해 여름 예카테리나와 표트르는 상트페테르부르크에서 결혼식을 올렸다. 그녀는 성대한 결혼식을 위해 17인치의 아담한 허리 아래로 은색 꽃들이 수놓아진 은백색의 능라 비단 드레스를 입었다. 그녀는 오전 내내 헤어스타일을 놓고 옐리자베타와 다툼을 벌였다. 처음에 여제는 미용사에게 "조피의 머리를 매끄럽게 손질하라"고 명령했다. "그렇지 않으면 보석들이 제자리에 붙어 있지 못할 것"이기 때문이었다. 그러나 예카테리나는 곱슬곱슬한 헤어스타일을 원했다. 결국엔 그녀가 이겼는데, 이것은 예카테리나가 옐리자베타 여제의 뜻을 거역한 몇 안 되는 사건 중 하나였다.

귀족들을 태운 120대의 마차가 줄지어 교회를 향해 행진했고, 행렬 중간

중간에 기마 근위대와 그밖의 다양한 부대들이 마차들과 함께 행진했다. 여덟 명의 마부를 태운 여덟 마리의 말이 예카테리나와 표트르를 실은 옐리자베타의 마차를 끌고 나타났다. 결혼식 후에는 만찬과 무도회가 이어졌으나, 옐리자베타는 신랑과 신부를 일찍 집으로 보냈다. 예카테리나의 몸종들이 그녀에게 첫날밤을 준비시켰고, 그녀는 불안한 마음으로 남편을 기다렸다. 두 시간 후 표트르가 나타났다. 그는 그녀가 옆자리에 누워 있다는 생각에 잠시 낄낄거리다 등을 돌리고 곧바로 잠에 빠졌다.

결혼식이 끝나자 예카테리나의 어머니 요한나는 더이상 할 일이 없었다. 옐리자베타 여제는 그녀를 돌려보냈고, 그것으로 예카테리나와 과거의 삶을 연결하던 마지막 끈이 끊어졌다. 그러나 남편과의 새 삶은 혼란과 불신의 연속이었다. 그녀는 표트르의 철없는 행동에 자주 당황했는데, 그는 (눈 가리고 술래를 잡는) 까막잡기 같은 유치한 놀이를 좋아했을 뿐 아니라, 가령 여제의 말을 엿듣거나 개를 때리는 등의 사악한 일들도 서슴지 않았다. 병정놀이에 빠진 표트르는 장난감 병정을 가지고 놀기를 좋아해서, 종종 커다란 침대 가득 밀랍과 주석으로 만든 인형 부대를 늘어놓곤 했다. 어느 날 방에 들어선 예카테리나는 커다란 쥐가 올가미 같은 줄에 매달려 있는 것을 발견했다. 표트르는 그 쥐가 장난감 병정 두 개를 먹어치운 죄로 군법회의에 회부되어 사형을 언도받았다고 설명했다.

표트르가 계속 첫날밤을 치르는 데 관심을 보이지 않자 옐리자베타의 조바심은 커져만 갔다. 그녀는 상냥한 태도로 신랑의 마음을 사로잡지 못한 예카테리나를 나무랐고, 사람을 시켜 신혼부부를 염탐하게 했으며, 밤에는 사실상 두 사람을 감금시켜놓았다. 그들이 행여 다른 사람들과 친해지기라도 하면 그 사람은 곧 그들 주변에서 제거되었다.

자신에게 관심을 두지 않는 남자와 단둘이 지내야 하는 상황에서 예카테리나는 갈수록 낙담하게 되었고, 그럴수록 다양한 활동에 몰두하게 되었다. 그

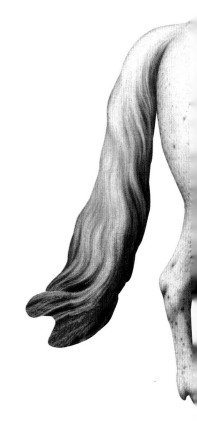

녀는 역사와 철학 분야의 고전들을 진지하게 공부하기 시작했는데, 이 공부는 평생 동안 계속되었다. 그녀는 야외활동도 아주 좋아해서 말을 타고 몇 시간씩 한적한 시골을 질주했는데, 처음에는 다른 사람들의 시선을 의식해서 여자들이 사용하는 곁안장을 타고 얌전하게 출발했지만, 사람들이 안 보이면 즉시 남자처럼 두 다리를 벌리고 앉아 말을 몰았다. 그리고 핀란드 만(灣)의 시골 궁전인 오라니엔바움에 머물 때에는 종종 새벽 3시에 일어나 남자 옷을 입고 근처의 운하로 나가 오리 사냥을 하곤 했다.

결혼 7년 후 후계자를 낳아야 한다는 압박감이 극에 달하자 예카테리나는 정부를 구하기로 결심했는데, 아마도 옐리자베타의 격려가 있었을 것으로 짐작된다. 그 동안 그녀는 몇 명의 남자에게 마음이 끌리기도 했지만, 그래도 남편에 대한 정절을 버리지는 않았다. 마침내 세르게이 살티코프라는 잘생긴 조신이 그녀의 정부가 되었다. 두 번의 유산 끝에 예카테리나는 1754년 아들 파벨을 낳았다.

아기가 태어나자 여제는 즉시 아기를 데려가 온갖 사랑을 퍼부었다. 한 귀족 여성이 아기가 아빠를 닮지

승마를 열광적으로 좋아했던 예카테리나 여제가 그녀의 애마에 올라탄 모습을 그린 초상화. 여제는 러시아 정예부대인 프레오브라젠스키 수비대의 제복을 입고 있다.

않은 것 같다고 말하자 옐리자베타는 노발대발하며, "우리 가족에서는 절대로 있을 수 없는 일"이라고 쏘아붙였다. 여제의 내실에 인접한 방 침대에서 힘들게 해산한 후 그대로 내버려진 예카테리나는 자신의 편안한 숙소로 데려다달라고 간청했다. 그러나 그녀를 간호하는 사람들은 산파의 동의 없이 산모를 옮기기를 두려워했다. 그런데 산파는 여제의 명령 때문에 신생아 곁을 떠날 수 없었다. 창 밖에서는 교회 종소리와 거리에서 사람들이 춤추고 노래하는 소리가 들려왔다. 그녀는 이렇게 회고했다. "나를 걱정하는 사람은 아무도 없었다. 피로와 갈증으로 죽을 것만 같았다. 결국 내 침대로 옮겨졌지만, 하루가 저물 때까지 아무도 보지 못했고 아무도 나를 돌봐주지 않았다."

모든 국민이 아들의 탄생을 축하했지만, 정작 어머니인 예카테리나를 축하하는 자리는 없었다. 그녀는 40일 동안 침대에 누워 있었고, 그 해가 끝날 때까지 몸조리를 해야 했다. 아기를 볼 기회가 거의 없었고 "소식을 듣는 것도 조심스러웠다. 아기의 소식을 묻는다는 것이 여제의 보살핌을 의심하는 것으로 비쳐질 수 있기 때문이었다." 설상가상으로 애인인 살티코프마저 해외로 보내졌다.

후계자를 낳은 후부터 예카테리나와 표트르는 더 많은 자유를 누릴 수 있었다. 표트르는 그녀를 외면했고, "나를 볼 때마다 심술을 부렸다"고 그녀는 불평했다. 그는 공공연하게 정부를 데리고 다녔는데, 옐리자베타 보론초프라는 이름의 그녀는 러시아 명문 집안 출신의 따분하고 못생긴 여자였다. 예카테리나 또한 이후 6년 동안 두 명의 정부를 더 만났다. 그들 중 두 번째 정부는 그리고리 오를로프라는 이름의 수비대 장교였는데, 180cm가 넘는 큰 키에 근육질의 몸, 잘생긴 얼굴, 대범한 태도를 가진 5세 연하의 남자였다. 전하는 이야기에 따르면, 예카테리나는 어느 날 창을 통해 그를 보자마자 사랑에 빠져 즉시 그의 정부가 되었다고 한다.

오를로프의 아기를 임신한 지 6개월이 되던 1761년 12월 25일, 옐리자베

아내인 예카테리나처럼 표트르 3세도 독일 태생이었기 때문에 낯선 곳에서 만난 두 외국인처럼 그들은 곧 친구가 되었다. 그러나 예카테리나가 러시아 사람으로 변할수록 프로이센에 강한 애착을 가진 표트르는 그녀를 더욱 멀리했다.

타 여제가 사망하고 표트르가 러시아 황제 표트르 3세로 선포되었다. 전통적인 6주의 애도 기간 중 예카테리나는 검은 상복을 입고 뻣뻣한 크리놀린(스커트를 부풀게 하기 위해 쓰던, 말총 등으로 짠 딱딱한 천) 스커트로 임신한 배를 감춘 채 매일 엘리자베타의 시신 곁에 무릎을 꿇고 앉아 슬픔을 표했다. 뚜껑이 열린 관 앞을 지나가며 애도를 표하던 시민들은 예카테리나의 헌신적이고 경건한 모습에 감동했다. 그녀의 행동은 이따금씩 찾아와 시녀들과 시시덕거리고 성직자들을 조롱하는 표트르의 태도와는 큰 대조를 이루었다.

표트르는 취임 초부터 인기가 없었다. 당시 러시아는 프리드리히 2세가 이끄는 프로이센과의 전쟁에서 승리를 눈앞에 두고 있었다. 그러나 표트르는 여전히 프로이센을 고향으로 생각했고, 프리드리히를 우상처럼 숭배했다. 표트르는 승자로서 마땅히 적에게 항복의 조건을 요구하는 대신 프리드리히가 원래의 영토를 유지하게 했다. 그리고 이것으로도 그의 용맹한 군인들에게 충분한 모욕을 안겨주지 못했다는 듯, 그는 러시아 군대의 제복을 프로이센과 비슷한 것으로 바꾸었다.

군대와 멀어진 후에는 강력한 러시아 정교회와도 멀어졌다. 루터 교의 교육을 받고 자란 그는 개종한 후에도 새 종교의 가르침을 전혀 따르지 않았다. 황제가 된 표트르는 모든 교회 재산을 몰수했고, 성직자들에게 수염을 깎고 독일 개신교 목사처럼 옷을 입으라고 명령했다.

예카테리나 2세가
에르미타슈 안에 세운
화랑에는 유럽에서
건너온 수천 점의
명작이 전시되어 있었다.
그녀가 겨울에 머물렀던
에르미타슈에는 극장도 있었다.

| 황실 휴양지 |

예카테리나 2세는 화려한 가장무도회와 국가행사를 경축하기 위해 일주일에 걸쳐 무대에서 펼쳐지는 희가극 공연을 대단히 좋아했다. 그러나 공식적인 궁정생활에서 멀어질 필요가 있을 때에는 안식을 찾아 두 곳의 휴양지로 떠나곤 했다. 길고 어두운 러시아의 겨울에 여제는 상트페테르부르크의 겨울궁전 안에 새로 지은 그녀의 사저 '에르미타슈(은둔지)'에서 생활했다. 또한 여름에는 수도에서 북서쪽으로 80km 거리에 있는 차르스코예 셀로의 영지를 즐겨 찾았다.

에르미타슈에서 예카테리나는 미술, 연극, 오페라, 문학, 실내 게임, 지적 대화를 공유할 수 있는 친구들을 초대하곤 했다. 그녀의 손님 중 프랑스 대사 르 콩트데 세귀르는 빈정대는 어조로, "에르미타슈는 내실과 화랑의 규모, 화려한 가구, 위대한 예술가들의 수많은 작품, 특히 북극의 추위 속에 이탈리아의 봄을 '만들어내는' 겨울 정원 때문에 사람들을 놀라게 하는" 곳의 이름으로는 잘못된 것이라 지적하기도 했다.

그 웅장함과는 대조적으로 예카테리나

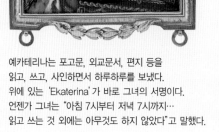

예카테리나는 포고문, 외교문서, 편지 등을 읽고, 쓰고, 사인하면서 하루하루를 보냈다. 위에 있는 'Ekaterina'가 바로 그녀의 서명이다. 언젠가 그녀는 "아침 7시부터 저녁 7시까지… 읽고 쓰는 것 외에는 아무것도 하지 않았다"고 말했다.

평상복 차림의 예카테리나가 차르스코예 셀로에서
잉글리시 그레이하운드 종인 애견과 산책하고 있다.
그녀는 이렇게 썼다. "나는 항상 동물을
사랑했다. 동물은 우리가 생각하는 것보다
훨씬 더 높은 지능을 갖고 있다."

는 에르미타슈 안에서는 격식을 갖추지 말 것을 요구했다. 또 다른 손
님이었던 독일의 문예비평가 프리드리히 그림은 저녁 파티의 정경을
다음과 같이 묘사했다. "모자를 벗고 자기 자리를 찾아가면 종종 여제
는 구석 자리에 앉아 있는 반면, '나'나 나와 비슷한 지위의 다른 사람
이 중앙에 주인처럼 앉아 있었다." 그림은 또한 서재에서 여제를 만났
던 기억을 다음과 같이 기록했다. "그곳에 들어간 사람은 전(全) 러시아
군주의 소파 맞은편에 놓인 안락의자에 앉아 심각하고, 즐겁고, 진지하
고, 경박한 이야기들을 나누며 몇 시간 동안 빈둥거리다 나와야 한다."
  차르스코예 셀로('차르의 마을')에서는 여름에도 격식에서 자유로웠다.
한 영국인 방문객의 기록에 따르면, 그곳에 거주하는 동안 예카테리나
는 "모든 지위를 버리고 '가족과 손님들을' 가능한 한 편하고 친밀하게
대하며" 생활했다고 한다. 여제는 종종 정원을 산책했으며, 휴대용 보
수계(步數計)를 들고 왕복 16km에 이르는 먼 길까지 산책을 나갔다고
전한다.

차르스코예 셀로에서 예카테리나는
"마치 다섯 살 난 아이처럼"
어린 손주들과 놀기를 좋아했다.
"손자들과 증손자들은 내가
그곳에 있을 때보다 게임이 더
즐거울 때는 없다고 말한다."

차르스코예 셀로의
공식 만찬실의 테이블은
그곳의 주인이었던 두 명의 여제,
예카테리나(Ekaterina)와
엘리자베타(Elizabeth)의
키릴 문자(그리스의 전도사
키릴로스가 9세기에
고안했다고 전하는
현재 러시아 문자의
모체-옮긴이) T를 딴 형태이다.

엘리자베타가 사망하고 몇 달 후 예카테리나는 비밀리에 그리고리 오를로프의 아들 알렉세이를 낳았다. 남편과의 불화를 감안할 때 이번에는 표트르의 아기인 척하기가 불가능했기 때문에, 그녀는 즉시 아기를 시골의 양부모에게 보냈다. 출산 후 기력을 회복한 예카테리나는 조신들 사이에서 표트르의 인기가 최악의 상태임을 알게 되었다. 정부인 옐리자베타 보론초프를 포함해 아첨꾼들에 둘러싸인 황제는 국민의 지지가 썰물처럼 빠지고 있다는 사실을 전혀 모르고 있었다. 당시의 프랑스 대사가 편지에 썼듯, 그러는 사이 예카테리나는 "더욱더 러시아 국민의 마음을 사로잡고" 있었다.

그러나 예카테리나는 심각한 위험에 직면해 있었다. 그녀의 글에 씌어 있듯, 표트르가 "옐리자베타 보론초프와 결혼하고 나를 체포하려 했기" 때문이었다. 기록에 따르면, 표트르는 그녀를 수녀원에 보내고 아들의 상속권마저 박탈할 계획을 세웠고, 심지어 대중 앞에서 그녀를 바보라 부르기까지 했다. 예카테리나는 마침내 남편과의 관계를 끊기 위한 중대한 결단을 내렸다. 1762년 6월 28일 이른 아침, 그녀는 상트페테르부르크에서 약 6km 떨어진 칼린키나라는 마을로 급히 달려갔다. 그곳에는 그리고리 오를로프와 황후에게 충성을 다하는 근위연대가 그녀를 기다리고 있었다. 예카테리나가 도착하자 그들 사이에서 "우리의 어머니 만세!"라는 외침이 터져나왔다. 어떤 군인들은 "나를 끌어안고, 내 발과 손과 옷에 입을 맞추면서 나를 그들의 구세주라 불렀다."

돌아오는 길에 다른 두 연대의 충성까지 확보한 예카테리나는 군인들의 보호를 받으며 수도로 입성했다. 카잔 성당의 성직자들은 그녀를 "전제군주 예카테리나 2세"로 축복한 후 성당의 종을 울렸다. 그런 다음 그녀는 겨울궁전으로 들어가, 잠옷 차림으로 그녀를 기다리던 여덟 살 난 아들 파벨을 만났다. 궁전 발코니에 모습을 드러낸 모자는 광장에 모인 군중들로부터 열렬한 환호를 받았다.

그날 저녁 예카테리나는 러시아 스타일의 수비대 제복을 차려입었다. 쿠데타 소식을 들은 군인들이 즉시 표트르가 강요한 프로이센 제복을 벗어던졌기 때문이다. 그녀는 상트페테르부르크에 모인 1만 4,000명의 군대를 이끌고 남편이 있는 곳으로 향했다. 그러나 표트르는 저항다운 저항도 하지 못한 채 몇 시간 만에 체포되어, 수도에서 24km 떨어진 로프샤의 시골 저택에 감금되었다. 며칠 후 예카테리나의 명령에는 반했으나 그녀의 소망에는 반하지 않은 일이 일어났다. 표트르가 살해된 것이었다. 예카테리나에게 전해진 설명으로는 말다툼 중에 일어난 사고였지만, 실은 정부 그리고리의 형제인 알렉세이 오를로프가 새 통치자의 지위를 확고히 하기 위해 그를 교살했다는 소문이 돌았다. 예카테리나는 표트르의 사망이 "치핵 절제술의 격통" 때문이라는 공식 성명을 발표했다. 대중의 지지를 연장하기 위한 발빠른 조치로 그녀는 장대한 대관식을 준비하기 시작했다.

모스크바는 이제 러시아의 수도가 아니었지만, 과거의 전통과 러시아 인들의 신앙을 상징하는 곳이었기 때문에 황제의 대관식은 여전히 모스크바에서 거행되었다. 1762년 9월 22일 일요일 크렘린의 우스펜스키 성당에서 예카테리나는 자주색 예복을 늘어뜨리고 한 손엔 홀, 다른 한 손엔 보주(제왕권을 상징하는 둥근 공. 금구. 54쪽 그림 참조–옮긴이)를 든 채로 대추기경으로부터 기름부음(신권을 부여하는 의미로 머리에 기름을 붓는 기독교 의식–옮긴이)을 받았다. 대관식을 축하하는 불꽃놀이와 축포가 하루종일 하늘을 수놓았다. 자정이 되어 여제는 크렘린의 테라스에서 붉은광장으로 이어진 붉은 계단을 걸어내려와 전국에서 모여든 지지자들의 환호에 답례했다.

일주일에 걸친 축제기간에 예카테리나와 그리고리 오를로프는 자주 함께 모습을 드러냈다. 그들이 등장하는 곳에는 어김없이 군중의 갈채와 환호가 터져나왔다. 그들의 환호가 더욱 컸던 것은 예카테리나가 모스크바에 올 때 가져온 120개의 오크 통 속에 담긴 은화 때문이었다. 그녀는 군중들에게 약

유명한 이중 초상화(왼쪽)에서 예카테리나 여제가 왕권의 상징물인 왕홀, 십자가가 달린 보주(금구), 왕관이 놓인 테이블 옆에 서 있다. 왕관은 예카테리나의 대관식을 위해 스위스 보석 세공인으로부터 주문한 것으로, 인도, 브라질, 시베리아와 러시아 각지에서 들어온 다이아몬드를 비롯한 여러 가지 보석으로 덮여 있고, 꼭대기에는 399캐럿의 루비가 달려 있다.

1762년 9월 22일 크렘린의 성모승천(우스펜스키) 성당에서 열린 대관식에서(오른쪽) 하느님에 의해 신권을 부여받은 것을 상징하기 위해 모든 러시아 군주들이 했던 것처럼 예카테리나도 당당하게 왕관을 자신의 머리 위에 얹었다. 그런 다음 그녀는 오른손과 왼손에 각각 왕홀과 보주를 들고 그녀에게 경의를 표하기 위해 모인 뭇사람들에게 인사를 보냈다.

60만 루블을 나눠주었다.

33세의 나이에 예카테리나는 서쪽으로 폴란드 국경에서 동쪽으로 태평양 연안에 이르는 광대한 제국의 지배자가 되었다. 대관식이 끝난 후 그녀는 정상 업무에 들어가 통치가 끝날 때까지 엄격한 스케줄에 따라 국정을 운영했다. 그녀는 아침 7시경에 일어나, 스토브에 불을 붙이고 블랙 커피를 한 잔 마신 후 펜과 종이를 꺼내 일을 시작했다. 예카테리나는 교육제도에서 대외 업무와 재정에 이르기까지 국가의 모든 면을 철저히 조사했고, 일주일에 6일, 하루에 10~15시간씩 일에 몰두했다. 낮 2시가 되면 잠시 일을 접고 몇 명의 손님들과 함께 점심을 먹었는데, 음식은 주로 캐비어, 굴, 생선, 오리나 그밖의 엽조 또는 토끼를 요리한 것이었다. 소금에 절인 돼지고기와 절인 양배추는 그녀가 어릴 적부터 좋아한 음식이었다. 또한 과일이 빠지지 않았고, 대부분의 음식에 산패유(유산으로 산화시킨 크림)를 곁들였다. 식사할 때에는 대개 와인 한 잔이나 물을 탄 과일 주스를 마셨다.

그녀가 풍기는 인상은 '현혹적'이라 묘사되었다. 직접 알현한 사람의 말에 따르면 그녀는 '넓고 시원한' 이마, '감미롭게 윤기가 흐르는' 입, '다소 통통한' 턱, '밤색' 머리, 암갈색 눈썹, 불빛 아래서 '푸르스름한 색조'를 띠고 빛을 발하는 옅은 갈색의 눈, '매부리에 가까운' 코의 소유자였다. 당시에는 농부를 포함해 대부분의 여성들이 화장품을 아낌없이 사용했다. 여자들은 얼굴, 목, 팔에 흰색 화장품을 두껍게 바르고 양 볼에 빨간색 분을 뿌려 인형 같은 얼굴을 연출했다. 그러나 예카테리나는 화장품을 거의 사용하지 않았고, 그래서 다소 창백해 보이면서도 자연스런 매력이 넘쳐흘렀다.

여제는 당대에 유럽에서 유행하는 계몽운동을 한 몸에 구현한 통치자였다. 그녀가 야망을 이룰 수 있었던 것은 강철 같은 의지, 고도의 지성, 불굴의 용기와 자제심 덕분이었다. 천부적인 지도력에 낙천성, 개방성, 실용성을 겸비

1791년 예카테리나의 제국주의 야망과 성적 욕구를 풍자한 영국 만화에서 여제가 그녀의 치마 속을 엿보면서 음탕한 말을 내뱉는 유럽 군주들의 머리 위를 건너뛰고 있다. 이 만화의 프랑스 판에서는 그녀의 젖가슴을 드러냈다.

한 그녀는 모든 일에 엄청난 힘을 발휘했다. 또한 품위 있고 쾌활한데다 남다른 유머 감각이 있어서, 낯선 사람은 오랜 친구처럼 느끼고 가까운 사람은 더욱 깊이 흠모하고 충성하게 만들었다. 그녀는 사람들로부터 존경과 애정을 이끌어내는 능력이 있었는데, 어느 동시대인은 그녀가 발산하는 매력을 "놀라운 마법"에 비유했다. 관리들을 다루는 기술은 "큰소리로 칭찬하고 귓속말로 꾸짖는 것"이었다. 그러나 그런 꾸중도 따끔할 수 있었다. 한번은 어느 관리가 늦게 출근하자 여제는 그의 부친의 정확한 시간관념을 칭찬했고 그는 얼굴을 붉히고 돌아섰다.

대관식이 끝난 직후 그리고리 오를로프는 여제에게 자신들의 결혼을 졸랐다. 그녀는 그의 간청을 완곡히 거절하면서도 계속 그의 정부로 남았다. 이렇게 애매한 관계가 거의 12년간 지속되자 그리고리는 더이상 참지 못하고 다른 여자들에게 눈길을 돌렸다. 예카테리나도 이미 다른 애인을 만나면서 그리고리에 대한 감정을 정리하고 있었다. 그녀는 그리고리를 응징하는 대신 그와의 우정을 지속하고 그가 고위직을 계속 유지할 수 있게 했다. 그녀의 관대한 마음에 감동한 그리고리는 막대한 재산을 들여 그녀에게 두께 2.5cm가 넘는 199캐럿짜리 로즈 형(24면) 다이아몬드를 선물했다. 그녀는 그 다이아몬드를 왕홀에 장식했다.

그리고리와 헤어진 후 예카테리나는 몇 명의 애인을 거쳤고, 나이가 들수록 점점 더 젊은 남자를 선택했다. 그녀가 가장 깊이 사랑했던 남자는 아마도 10세 연하의 중장인 그리고리 포툠킨이었을 것이다. 그녀는 편지에서 그를 "나의 사랑하는 남편"으로 불렀지만, 그들이 비밀리에 결혼식을 올렸다 해도 그 사실은 비밀로 부쳐졌을 것이다. 2년에 걸쳐 열애하는 동안 그는 여제가 가장 신뢰하는 조언자로서 군사, 외교, 국내 문제를 함께 의논했다. 낭만적인 열정이 식은 후에도 여제는 계속해서 포툠킨과 여러 가지 문제를 상담했다.

궁정에서는 예카테리나의 성적 욕구에 대한 소문이 끊이지 않았다. 한번은 성이라는 주제에 대해 숙고하던 중 그녀는 다음과 같이 논평했다. "성에 반대하는 모든 말들은 인간의 자연스런 본능을 정면으로 부정하는 얌전한 위선에 불과하다."

예카테리나는 러시아의 수도에 새로운 차원의 미적 기준을 도입했고, 궁정에 있을 때에도 프랑스에서 들여온 최신 유행의 옷을 즐겨 입었다. 그녀의 취향은 조신들의 유행에 그대로 반영되었다. 귀족들은 호화스러운 진주, 에메랄드, 그 밖의 보석들을 머리에 꽂았고, 프랑스식 드레스와 사치스런 모피 제품들을 맞춰 입었을 뿐 아니라, 남자들까지도 겉옷, 견장, 단추, 죔쇠, 검집,

예카테리나가 1764년에 세운 스몰니 여학교의 학생들이 춤을 추고 있다. 여제는 스몰니 여학교에서 공부하는 젊은 여성들을 매우 자랑스럽게 생각하여 친구인 볼테르에게 "그들은 놀랍게 발전하고 있으며, 그들의 행동은 어디 하나 흠잡을 데가 없습니다"라고 편지를 썼다.

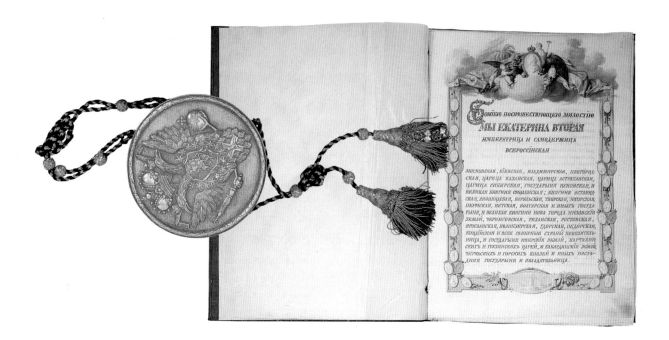

칼자루 등을 주문했기 때문에, 한 영국 귀족 여성은 여자들과 남자들 중 누구의 옷이 더 사치스러운지 분간할 수 없을 지경이라고까지 했다.

연회 못지않게 예술에도 막대한 돈이 흘러들어갔다. 예카테리나는 장엄하면서도 우아한 궁전들을 차례로 짓게 했다. 그중 몇몇 건물은 건축술의 경이로 간주되기도 했는데, 귀족들은 그 양식을 모방해 저택을 짓곤 했다. 가장 유명한 건축물은 겨울궁전 내에 지은 에르미타슈였다. 에르미타슈는 그녀의 사적인 주거 공간이었고, 그 별채에는 그녀가 의뢰하거나 수집한 수많은 그림과 조각들이 보관되어 있었다. 후에 에르미타슈는 세계에서 가장 큰 박물관 중 하나가 되었다.

그녀는 에르미타슈 안에 극장을 짓고 조신들과 관리들은 물론이고 하인들까지 자유롭게 입장시키는 등, 연극에 대한 관심을 적극적으로 장려했다. 또한 그녀 자신이 직접 희곡을 쓰기도 했다. 1772년 처음으로 창조성이 분출하던 시기에는 5편의 희곡을 완성했고, 1786년 두 번째 시기에는 6편의 희극과

3편의 역사극을 완성했는데, 모든 작품은 그녀가 러시아에 소개한 셰익스피어로부터 큰 영향을 받았다. 그녀는 또한 다수의 오페라 대본을 쓰기도 했다.

지금까지 러시아의 전통을 받아들임으로써 러시아 국민들의 사랑을 받았던 것처럼, 이제 그녀는 서양에서 가장 진보한 사상을 받아들임으로써 유럽 전역에 명성을 드높이기 시작했다. 그녀는 볼테르, 디드로 등과 같은 유럽의 위대한 철학자들과 서신을 주고받았고, 그녀를 찬양하는 합창에 가담하는 예술가, 작가, 지식인들에게 막대한 자금을 지원했다. 또한 민영 출판사들을 인가하고 서적과 정기간행물의 출판을 장려했다. 그 결과 언론이 발전하고 많은 서구 문학이 러시아 어로 번역되어 러시아 문학의 기폭제가 되었다. 그러나 일부 작가들의 독립이 검열의 필요성을 촉발시켜, 왕립 경찰의 본부장이 주관하는 검열제도가 새롭게 도입되었다. 상트페테르부르크를 방문한 디드로가 그녀의 통치방식을 비판하자, 그녀는 준비했다는 듯이, 철학자의 사상은 구름 속에 가려 있지만 그녀는 "인간의 살갗 위에 법률을 써야 한다"고 대답했다.

교육에도 관심이 많았던 예카테리나는 기숙학교를 통해 모범적인 시민을 창출하기로 결심했다. 그녀는 남학생뿐 아니라 여학생들을 위한 기숙학교를 장려했으며, 1782년에는 소수 부유층이 아닌 다수의 국민들에게 교육의 문을 여는 새로운 제도의 개발을 위해 위원회를 출범시켰다. 먼저 사범학교가 설립되었으며, 그로 인해 18세기 말에는 이미 수많은 학교가 문을 열어 총 3,154개 학교에서 약 2,000명의 여학생을 포함하여 모두 2만 명의 학생을 가르치게 되었다.

예카테리나는 기존의 정치체제를 우회하는 효과적인 수단으로 위원회를 자주 소집했다. 1767년에 그녀는 법률을 재정비하기 위해 전국에서 565명의 대표를 소집했다. 208개의 도시에서 한 명씩 소환되었고, 161명은 귀족 중에서 선발했으며, 28명은 정부관료 중에서 임명했고, 79명은 국유지에서 일하는 농민들이 선출했으며, 나머지는 카자흐 족을 비롯한 소수민족의 대표로 채워졌다. 그 준비작업으로 예카테리나는 나카즈(Nakaz), 즉 훈령이라 알려진 문서를 작성했다. 가장 급진적인 서유럽 철학에서 이끌어낸 진보적인 법률 원리로 가득 채워진 여제의 훈령은 전세계 지식인들의 찬양을 받았다. 그러나 그 자료는 위원회의 청문회가 열리기 전에 그녀가 상담을 청했던 러시아 성직자들과 귀족들에 의해 대부분이 삭제되고 말았다. 남은 조항들만이 위원회의 비준을 받은 후 왕실 기록보관소에 들어가 까맣게 잊혀졌다.

예카테리나는 개혁을 위한 논의의 문을 활짝 열고 자유주의를 천명했지만 거의 결실을 맺지 못했다. 오히려 그녀는 농노들에게 남아 있던 몇 가지 권리 중 하나를 폐지하기도 했다. 그것은 지주의 가혹한 대우를 바로잡아달라고 황제에게 청원하는 권리로, 표트르 대제가 장려했고 그의 시대에 자주 시행되던 권리였다. 그러나 예카테리나의 포고에 의해 그런 불평을 하는 농노는 매질을 당하고 시베리아 유형지에서 강제노동을 하게 되었다.

"너무 많이 웃어 가벼운 통증이 일어났을 뿐이다."

그녀의 시대가 귀족들의 황금시대였음은 두말할 나위가 없다. 그러나 농노들의 상황은 갈수록 악화되었다. 황금기가 저물어가던 시기에, 황실의 사치와 낭비, 그리고 지속적인 전쟁비용 때문에 경제가 어려워짐에 따라 국민들의 불만은 갈수록 커져갔다. 그러나 그녀의 훌륭한 군대 덕분에 러시아는 크림 전쟁에서 승리하고 폴란드로부터 통치권을 넘겨받아, 꿈에 그리던 흑해와 발트 해 연안을 확보했다.

실제로는 독재적인 군주였던 예카테리나는 프랑스 혁명의 소식을 듣고 공포에 사로잡혀, 그녀의 통치에 반대하는 세력을 가혹하게 제압하기로 결심했다. 이상주의자 귀족인 알렉산드르 라디시체프가 그녀의 통치를 비난하는 글을 〈상트페테르부르크에서 모스크바까지의 여행〉이란 제목으로 발표했을 때 그녀는 간담이 서늘해졌다. 라디시체프는 가벼운 기행문 형식을 빌려 농민들과 농노들의 끔찍한 고통을 폭로했다.

예카테리나는 여백에 신랄한 논평을 적어가며 그 책을 철저히 읽은 다음 "반역자"를 체포하라고 명령했다. 라디시체프의 재판은 그의 책에 대한 엄청난 관심을 불러일으켰다. 경찰이 집집마다 수색하고 다녔지만 그 책은 은밀한 곳에 보관되었고, 손으로 베껴 쓴 필사본이 돌거나 권당 100루블에 거래되기도 했다. 라디시체프는 사형을 언도받았지만, 예카테리나는 자비를 베풀 기회를 놓치지 않고 그의 형량을 시베리아 추방으로 감형시켰다. 그는 즉시 삼엄한 경비하에 쇠사슬에 묶인 채 지붕이 없는 호송 마차에 실려 동토의 황무지로 보내졌다.

6년 후인 1796년 여제의 건강은 급속히 악화되었고, 한 측근의 묘사에 따르면 "갈수록 비대해져서 거의 기형처럼" 되어갔다. 그러나 값비싼 다이아몬드 광채를 뿌리며 그녀는 여전히 알현실을 가득 메운 외교관들과 조신들의 존경을 듬뿍 받았다. 어느 날 저녁 그녀는 평소보다 일찍 물러나면서 "너무 많이 웃어 가벼운 통증이 일어났기 때문"이라고 해명했다. 다음날 그녀는 뇌졸중을 일으켰고 곧이어 사망했다. 예카테리나 대제가 다스린 35년 동안 러시아는 조만간 유럽을 휩쓸 정치적·사회적 조류를 어느 때보다 많이 받아들였다.

ESSAY _ 1 | 나폴레옹과의 전쟁

1801년 선왕인 파벨의 암살로 권좌에 오른 알렉산드르 1세는 할머니 예카테리나 2세의 계몽주의적 통치를 부활시킬 희망에 부풀어 있었다. 그러나 희망과는 달리 그는 프랑스 황제 나폴레옹 보나파르트와 전쟁을 치러야 했다. 몇 번의 패배를 겪은 후 알렉산드르는 강화를 청했다.

1807년 두 지도자가 프로이센과 러시아의 국경도시 틸지트(소베츠크)에서 만났다. 네만 강 양쪽에 도착한 그들은 동등한 자격으로 강 중간에 띄워진 천막형 뗏목 위에서 위의 그림처럼 외교적 품위를 갖추고 만났다. 뗏목에 올라탄 두 황제가 서로를 포옹할 때, 자그마한 코르시카 섬 사람의 머리는 크고 건장한 알렉산드르의 가슴에도 거의 미치지 못했다. 그들은 자수가 놓인 손수건과 재치 있는 응답을 교환했다.

알렉산드르는 러시아의 품위를 지켜냈지만, 그 대가로 엄청난 조건들을 양보했다. 그는 치명적으로 프로이센 동맹국들을 배신하고 영국과의 무역을 단절(대륙봉쇄)했다. 후에 나폴레옹은 그 조약이 "내가 틸지트에서 내뱉은 달콤한 헛소리"였다고 냉소적으로 기록했다. 알렉산드르도 곧 깨닫게 되지만, 그는 평화를 산 것이 아니라 단지 시간을 산 것이었다.

육군 원수 바르클라이 데 톨리(왼쪽)의 군대는 스몰렌스크의 성벽(위)을 지키기 위해 사력을 다했지만, 바그라티온(맨 왼쪽)은 그를 돕기 위해 손가락 하나 까딱하지 않았다. 그는 전투가 벌어지기 전날 밤 바르클라이에 대한 경멸을 드러내며 "몰다비아에서 일개 연대를 지휘해도 좋으니 제발 나를 어디로든 보내시오"라고 외쳤다.

오른쪽 그림에서 러시아 장교가 새로 징집된 농노를 데려가기 위해 기다리는 동안 농노의 아버지가 아들에게 축복 기도를 해주고 있다. 농노의 어머니는 슬픔에 잠겨 있다.

| 스몰렌스크 전투

틸지트 강화조약에 분노한 수많은 러시아 인들이 차르가 러시아 정교회에서 "그리스도의 적"이라 부르는 나폴레옹과 동맹을 맺은 것과 영국무역에 대한 봉쇄에 가담한 것을 한 목소리로 비난했다. 러시아와 프랑스의 관계가 악화일로로 치닫자 모두들 전쟁이 재발할 것을 확신하고 있었다.

우려는 현실로 나타났다. 1812년 6월 12일, 약 40만 명에 이르는 나폴레옹 군대가 네만 강을 건넜다. 8세기에 아랍과 베르베르가 침략한 이후로 유럽에서는 처음 보는 대군이었다. 나폴레옹은 신속하고 결정적인 교전을 희망했지만, 알렉산드르는 군비와 신병을 모집했고, 기가 꺾인 러시아 군은 프랑스 군을 피해 다녔다. 나폴레옹은 전투를 찾아 러시아 내륙으로 깊숙이 들어왔다.

8월 16일 스몰렌스크에 당도해서야 싸울 기회가 보였다. 성벽으로 둘러쳐진 신성한 도시 스몰렌스크 주변에는 차르의 군대 중 가장 큰 두 부대가 주둔해 있었다. 먼저 육군 원수 미하일 바르클라이 데 톨리가 이끄는 제1서부군은 도시 안에 포진하여 방어전을 준비하고 있었다. 도시의 동쪽에는 표트르 바그라티온 장군의 군대가 주둔해 있었지만, 그는 바르클라이 장군에 대한 반감 때문에 도시방어나 전투지원에 병력을 출동시키지 않았다.

프랑스 군대는 이틀에 걸쳐 스몰렌스크에 맹공을 퍼부었다. 이에 러시아 군은 조금도 물러서지 않고 맹렬히 맞섰다. 병사들은 부상당한 몸으로 쓰러질 때까지 싸웠고, 민간인들도 십자포화 속에서 죽어갔다. 황혼이 진 후 바르클라이는 전멸의 위험을 무릅쓰기보다는 퇴각을 명령했다. 카자흐 족 군인들이 폐허를 돌아다니며 화약고에 불을 붙이고 도시를 불태웠다. 18일 아침 잠에서 깨어난 나폴레옹은 결정적인 승리의 기회가 또 한 번 눈앞에서 사라졌음을 발견했다.

보로디노 전투

스몰렌스크에서 퇴각한 후 바르클라이와 바그라티온이 계속 마찰을 일으켰기 때문에, 알렉산드르는 할 수 없이 미하일 쿠투조프 공을 새로운 총사령관으로 임명했다. 쿠투조프는 차르가 좋아하는 인물은 아니었지만 매우 노련한 장군이었다. 그는 왼쪽 눈을 총상으로 잃었고, 비대한 배 때문에 종종 말에 올라타지 못했다. 그럼에도 그는 군대와 국민의 사랑을 동시에 받았으며 누구보다 노회한 전술가였다. 러시아 군이 여전히 프랑스 군보다 열세인 상황에서 쿠투조프는 그의 군대를 더 깊숙이 후퇴시켰다.

나폴레옹 군대는 전투에 목말라하며 끈질기게 러시아 군을 추격했다. 맹렬한 폭풍우로 도로가 진흙탕으로 변해 병사들의 장화가 푹푹 빠지고 마차 바퀴가 꼼짝하지 않았다. 길 양쪽으로 여름 들판에서는 적에게 식량을 내주지 않기 위해 러시아 군이 고의로 지른 불길이 뜨겁게 타올랐다. 한 보병은 다음과 같이 회고했다. "지독한 무더위, 짙은 안개를 방불케 하는 먼지, 지체되는 행군 대열, 죽은 사람과 소로 가득 찬 구덩이에서 올라오는 썩은 물…." 프랑스 군은 2주 동안 320km를 더 행진하고, 1812년 9월 6일에야 보로디노에 도착했다. 그곳에서는 쿠투조프가 그들을 기다리고 있었다.

다음날 아침, 양쪽에서 내뿜는 총성과 포성이 천지를 뒤흔들었다. 전투는 매우 치열했고 사상자는 어마어마했다. 바그라티온은 다리를 잃고 사망했다. 나폴레옹의 외무장관 아르망 드 콜랭쿠르는 이 상황을 다음과 같이 기록했다. "거의 모든 분대와 수개 연대가 전사나 부상으로 지휘관을 잃었다."

살육의 잔인함은 상상을 초월했다. 프랑스 군은 보급선이 한계에 달해 있었기 때문에 사상자를 처리할 장비가 턱없이 부족했다. 아무것도 모르는 사병들이 양초 불빛 아래서 군의관의 절단수술을 도왔다. 수천 명의 부상자가 노출, 감염, 소홀한 간호로 죽었다.

밤이 돼서야 전투가 마무리되었다. 이번에는 양쪽 모두 수많은 사상자를 내고 비틀거리며 퇴각했다.

바르클라이 대신 총사령관이 된 67세의 미하일 쿠투조프는 예측불허의
교활한 전술가였다. 외형상으로는 보로디노(아래)를 프랑스 군에 내주었지만,
그의 노련함은 나폴레옹이 그토록 고대하던 결정적인 승리를 끝내 허락하지 않았다.

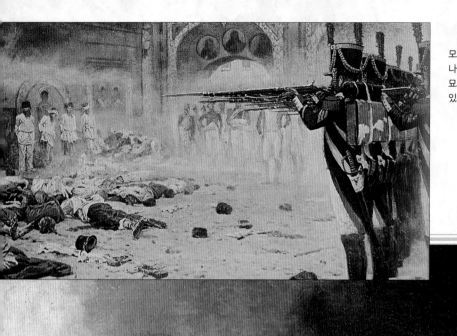

모스크바에 남았던 수백 명의 시민들이 방화범으로 처형되었다. 나폴레옹은 알렉산드르에게 보내는 한 외교 성명에 다음과 같이 묘사했다. "교수형이나 총살로 죽은 자들이 거리 곳곳에 흩어져 있으며, 그들 곁에는 '모스크바의 방화범'이란 간판이 서 있다."

표도르 로스토프친(오른쪽) 모스크바 지사는 "스스로 무장하라!"고 시민들을 설득한 다음 그 자신은 도망쳤다. 로스토프친은 도시의 대부분을 집어삼킨 화재를 조장한 인물로 추정되고 있다.

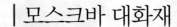

모스크바 대화재

프랑스 군대가 보로디노에서 모스크바까지 96km를 돌파하는 데에는 꼬박 6일이 걸렸다. 쿠투조프는 알렉산드르와 장군들의 성화를 무시하고 9월 13일 퇴각을 결정했다. 쿠투조프는 "나폴레옹 군대는 아직까지는 우리가 막을 수 없는 폭풍과 같다. 모스크바는 그 폭풍을 빨아들이는 스펀지가 될 것이다"라며 그들을 안심시켰다.

모스크바 시민들은 앉아서 기다리지 않았다. 보로디노 전투 후 며칠 동안 모스크바 동쪽 도로에는 도시를 빠져나가는 수만 명의 시민들과 마차가 줄을 이었다. 수많은 사람들이 외바퀴 손수레에 아기와 소지품을 싣고 등에 식량을 최대한 짊어진 채 걸어서 피난을 떠났다.

9월 14일 오후, 나폴레옹의 눈에 멀리 모스크바의 황금 돔들이 보였다. 이제 조금만 더 달리면 광대한 제국의 수도가 그의 손에 들어오고, 러시아 국민의 사자가 달려나와 공손히 그를 맞이할 것이었다. 그러나 사자는 오지 않았다. 모스크바는 텅 비어 있었다. 당당하게 입성한 군인들에게 들려오는 소리는 자신들의 군화 소리뿐이었다. 널찍한 대로, 좁은 골목, 굳게 닫힌 건물, 화려한 궁전들 모두 쥐죽은 듯이 고요했다. 한 목격자는 "모스크바는 거대한 시체 같았다… 침묵의 왕국이었다"라고 적었다.

그러나 얼마나 아름다운 왕국인가! 프랑스 병사들은 비잔틴 풍의 화려함과 사치스런 물건에 매혹되어 도시를 약탈하기 시작했다. 황혼 무렵 몇 줄의 연기가 피어오르자 그들은 패잔병들이 실수로 낸 화재일 것이라 생각했다.

나폴레옹이 잠든 후에야 장군들은 그게 아니란 사실을 깨달았다. 몇 시간 만에 화재는 꼬리에 꼬리를 물고 도시 전체로 번졌다. 텅 빈 도시 곳곳에 실은 방화범들이 숨어 있었다. 현장에서 잡힌 사람은 즉석에서 사살되었고, 그렇지 않은 사람은 재판을 받고 교수형에 처해졌다. 잠에서 깬 나폴레옹은 화염이 이글거리는 도시를 바라보면서 "자신들이 세운 도시를 불태우다니! … 얼마나 잔인한 결단인가! 놀라운 국민이야! 정말 놀라운 국민이야!"라고 소리쳤다.

결국 비가 내려 불길이 수그러들었지만 도시의 4/5가 잿더미로 변한 후였다. 고급 음식은 풍부하게 남은 반면 기본 식료품은 빠르게 고갈되고 있었다. 가령 잼은 풍부했지만 빵이 없었다. 나폴레옹은 모스크바를 점령하고 있으면 알렉산드르가 화평을 청해올 것이라 생각했다. 그러나 꿈에 그리던 도시의 폐허에서 5주 동안 빈둥거린 후 나폴레옹은 그의 군대를 이끌고 2,400km에 이르는 고된 귀향길에 올라야만 했다.

두 명의 척탄병이 눈보라를 견디고 있다(왼쪽).
수천 명이 혹독한 추위에 희생되었지만,
나폴레옹 군대에게 가장 심한 타격을 가한
것은 베레지나 강이었다. 아래는 생존자의
기억으로 그린 그림이다.

카자흐 족 군대는 귀신이 출몰하듯 나타나 프랑스 군대의 고통스런 퇴각을 더욱 고통스럽게 만들었다. 러시아 남부에서 활동하던 무법자들의 후손인 이 사나운 부족은 퇴각이 시작되어 끝날 때까지 쉴새없이 무자비하게 프랑스 군을 공격했다.

| 프랑스 군의 퇴각

나폴레옹과 함께 약 8만 명의 병사들이 귀향을 시작했다. 처음에는 출정보다 축제 분위기에 더 가까웠고, 마차에는 전리품이 가득 실려 있었다. 싸늘한 가을비가 내리자 행진은 고통스런 거북이 걸음으로 바뀌었다. 이따금씩 농민들이 무리를 지어 갈퀴와 도끼를 휘두르며 공격했고, 카자흐 족이 낙오자들을 사냥했다. 눈이 내린 후부터 병사들은 얼어붙은 길 위에 약탈품을 버리기 시작했다. 한 병사는 길가의 도랑에 "촛대, 장서, 금은 십자가, 성배, 아름다운 카펫"이 버려져 있었다고 회고했다.

수천 명의 병사가 지저분한 몰골에 누더기를 걸친 채 추위로 죽어갔다. 살아남은 병사들은 약탈해온 망토, 카펫, 벽걸이 융단으로 몸을 칭칭 감쌌다. 한 프랑스 보병은 도저히 현실이라고 믿을 수 없는 장면을 기억했다. "목소리 외에는 사람을 알아볼 방법이 없었다. 모두가 변장이라도 한 듯한 꼬락서니였다… (군모가 아닌) 둥근 모자나 농민

모자를 썼고… 많은 사람들이 교회에서 가져온 신부복을 걸치고 있었다. 세상이 완전히 거꾸로 뒤집힌 것 같았다."

11월 26일 군대는 베레지나 강에 당도했다. 강물은 차가웠지만 얼지는 않았고 홍수로 불어 있었다. 프랑스 기술자들이 부교를 가설하려 할 때 병사들이 돌연한 공포에 휩싸였다. 사람과 말이 서로를 타고 넘으며 강변으로 몰려들었다. 다리가 완성되자 폭설이 내렸다. 부실한 부교를 밟은 많은 사람들이 말과 함께 강물로 추락했다. 물 위에 떠 있는 얼음덩이 사이로 수천 구의 동사체가 떠올랐다. 그러는 동안 카자흐 군대는 끊임없이 가엾은 병사들을 향해 총을 쏘아댔다. 하루가 저물 때까지 프랑스 병사 1만 5,000명이 포로로 잡혔고 6,000명이 사망했다.

다음날 일찍 나폴레옹의 명령에 따라 다리는 모두 파괴되었다. 동쪽 연안에 남아 있는 사람은 누구든 카자흐 족과 추위에 운명을 맡겨야 했다.

| 동맹군의 파리 입성

네만 강을 건너 프랑스로 돌아온 4만 명의 병사는 나폴레옹을 따라 동쪽으로 진군했던 군대의 1/10에도 못 미치는 숫자였다. 나폴레옹은 거의 백만 명에 가까운 남자와 소년들을 소집해 새로운 출정을 준비했지만, 러시아에서의 패배로 그의 제국은 종말을 고하기 시작했다.

이듬해 러시아, 프로이센, 오스트리아, 영국이 새로운 동맹을 결성했다. 다시 러시아 군대를 지휘하게 된 알렉산드르는 1814년 3월 31일 동맹군을 이끌고 파리의 개선문을 통과했다(오른쪽). 후에 그는 이날을 생애에서 가장 기쁜 날로 묘사했다.

장엄한 행진은 광장에 모인 군중을 압도했다. 차르는 이클립스라는 이름의 아라비아 말을 타고 황실 근위대와 함께 행진했다. 근위대 뒤로는 이국적인 턱수염에 망토와 헐렁한 바지를 입은 카자흐 군대가 도도한 자세로 말을 몰았다. 그 뒤로 수만 명의 외국 군대가 샹젤리제 거리를 행진했다. 알렉산드르는 프랑스 국민에게 행한 연설에서, 그는 프랑스와 싸울 생각이 추호도 없었음을 공언했고, 무슨 일이 있어도 그들을 보호하겠다고 맹세했다. 러시아 성직자들은 루이 16세가 처형된 광장에서 감사의 기도를 올렸다. 카자흐 군대는 불로뉴 숲에 그들의 텐트를 세웠다.

오랜 전쟁의 고난을 덜게 된 많은 프랑스 국민들이 동맹군을 환영했고, 특히 알렉산드르를 기쁘게 맞이했다. 그는 경호원 없이 거리를 걸어다니고 야회장과 극장을 출입했다. 그리고 코시치우슈코를 만나 자유 폴란드 문제를 논의하고, 라파예트를 만나 농노해방 문제를 논의했다. 어떤 사람들은 그를 유럽의 구세주라 부르며 환호했다.

파리에서 영국으로 건너가자 더 큰 환호와 아첨이 그를 기다리고 있었다. 알렉산드르는 박수갈채를 받으며 웨스트민스터, 그리니치, 대영박물관, 런던 증권거래소를 방문했다. 하이드파크에서 동맹군이 행진할 때 영국 시민들은 그의 군대-특히 알록달록한 복장을 한 카자흐 군대-에게 뜨거운 환호를 보냈다.

그러나 알렉산드르의 영광은 오래 가지 못했다. 신의 인도에 대한 신앙고백을 포함해 몇몇 언급들이 영국인들의 의혹을 불러일으켰다. 영국 하원의원이자 과거 쿠투조프와의 영국 쪽 연락선이었던 로버트 윌슨 장군은 차르가 이 승리를 더 큰 야망의 발판으로 이용할 것이라 예측했다. 그는 러시아가 인도를 침략하고 콘스탄티노플을 함락시킨 다음 전 유럽을 삼킬 것이라고 경고했다. 그의 예측은 빗나갔지만, 그의 말은 영국 국민의 마음속에 러시아의 세계 지배라는 이미지를 영구히 각인시켰다.

승리에 대한 보상

알렉산드르는 쿠투조프에게 무공을 세운 군인에게 수여되는 가장 명예로운 훈장인 성 조지 제1급 훈장(오른쪽)을 하사했다. 1812년 출정에 참가했던 그 밖의 사람들은 프리메이슨단의 상징이 새겨진 메달(가운데)을 받았는데 병사들은 은메달을, 귀족과 상인들은 동메달을 받았다. 성직자들은 십자가(맨 오른쪽)를 받았다. 이 십자가에는 그들의 용기가 신으로부터 왔다는 의미로 "우리가 아니라 당신께서"라는 글귀가 새겨져 있다.

'1812년' 동메달

'1812년' 구리 십자가

'1812년' 은메달

성 조지 제1급 훈장의 십자 메달과 리본

2 :: 시골 영지에서의 삶

모스크바 근교의 영지 스파스코에의 저택 앞에 세워진 댐이 농노와 영주의 경계를 상징적으로 보여주고 있다. 몇몇 귀족들은 아주 많은 농노를 소유했기 때문에, 그들의 사유지는 감독하지 않아도 순조롭게 운영되었다. 한 여행자는 다음과 같이 말했다. "러시아 귀족은 자신의 영지를 둘러본 적이 없다고 말하는 것을 큰 자랑거리로 여긴다. 그 말은 듣는 사람에게 그의 재산이 아주 양호한 상태로 불어나고 있다는 인상을 주기 때문이다."

1802년 4월 20일, 트로이츠코에의 영지에서 왕녀 다슈코바가 더블린의 캐서린 해밀턴 부인에게 보낸 편지 :

사랑하는 나의 친구. 오랜 기다림 후에 당신의 소식을 듣고 얼마나 기뻤는지! 그리고 당신의 부탁을 들어주게 되어 얼마나 행복한지! 내가 당신의 청을 거절하리라고 그 누가 생각이나 할 수 있겠어요? 그래요, 나는 당신의 어린 사촌들이 러시아를 방문할 때 기꺼이 그들을 내 손님으로 맞이할 겁니다. 윌모트 양 자매들은 본인들이 원할 때까지 또는 그녀의 사랑하는 부모님이 더이상 적적함을 견딜 수 없을 때까지 이곳에서 편하게 지낼 거예요. 자부하건대, 이곳 트로이츠코에의 삶에는 생활의 즐거움과 안락함이 있습니다. 그리고 나 역시 힘닿는 데까지 그들을 행복하게 해주기 위해 최선을 다할 겁니다. 내 유일한 슬픔은 당신이 그들과 동행하지 못한다는 거지요.

윌모트 대위와 부인께서는 두 딸을 위한 이 계몽적인 교육 방법에 찬사를 받아 마땅해요. 당신도 틀림없이 동의하시리라 믿습니다만, 자신의 고향에서 멀리 떨어진 곳에서 한동안 체류하는 것만큼 마음의 눈을 넓혀주는 것은 없을 겁니다.

나 자신이 맨 처음 외국 여행의 맛을 알게 되었던 순간이 얼마나 생생하게 기억나는지요! 당시 나는 어린 나이에 과부가 된 충격, 어린 자녀들의 미래에 대한 두려움, 재정적인 압박으로 인한 괴로움, 궁정에서의 냉대 때문에 비틀거리고 있었지요. 그러나 예카테리나 여제로부터 외국여행을 떠나도 좋다는 허락을 받는 순간 나는 다시 숨을 쉴 수 있었어요.

그 여행 중에 맛본 위안들이란! 나는 디드로 씨 같은 위대한 사상가들을 만났고, 숨이 막힐 듯한 풍경과 따뜻한 환대를 경험했으며, 무엇보다 보람 있었던 것은 당신과의 우정이 시작된 것이었지요. 나는 지금도 장엄한 스코틀랜드 고지를 여행했던 기억과, 벨기에의 스파와 프랑스의 엑상프로방스에서 함께 보냈던 추억, 불멸의 철학자 볼테르를 방문했던 기억을 생생히 간직하고 있어요.

당신이 이곳을 방문하고 나서 벌써 18년이 흘렀나요? 내 얘기에 웃음이 나올지 모르지만, 그때 당신이 준 스카프를 지금 내 목에 걸치고 있어요. 물론 스카프 아래 육신도 그렇지만 두르고 다니기엔 다소 낡았지요. 그러나 다른 것들은 그 행복한 시절 이후로 거의 변하지 않았어요. 정원은 언제나처럼 많은 시간을 빼앗는군요. (당신은 정말 친절하게도 그 나라에서 가지고 온 원예학의 풍부한 지혜로 내 정원의 조경과 설계를 아낌없이 도와주셨지요!) 당신이 그토록 사랑했던 서재의 책상 앞에 앉아 편지를 쓰고 있는 지금에도 당신의 늙은 친구인 마르파는 서재 한구석에서 스토브에 나무를 집어넣으며 늘상 내뱉는 그 기도문 같은 불평을 늘어놓고 있어요.

그래요, 트로이츠코에의 봄 저녁은 여전히 쌀쌀해요. 하지만 지난 겨울의 눈은 거의 녹아 군데군데 흔적만 남아 있고, 과일 나무는 금방이라도 꽃망울을 터뜨릴 듯해요. 그리고 바로 오늘, 올해 들어 처음으로 싱싱한 꽃을 가져와 식당 테이블을 아름답게 장식할 예정이에요.

아, 그러나 시간은 멈추지 않는군요. 내가 당신을 기리기 위해 해밀턴이라 이름

예카테리나 여제의 통치기에 여제의 친구이자 지적인 지도자였던 예카테리나 다슈코바 왕녀는 궁정의 신임을 잃고 결국 시골로 은퇴했다. 그곳에서 그녀는 만년을 보내며 자신의 영지 트로이츠코에를 운영하는 일에 관심을 쏟았다.

붙인 새 마을에 우리가 방문했던 그 농부들을 기억하나요? 자수를 놓은 치마를 입고 당신을 위해 민요를 부르고 춤을 췄던 그 어린 소녀들은 지금도 그곳에 살고 있어요. 하지만 이제는 작은 딸들의 춤을 지켜보는 어머니가 되었지요! 그리고 당시에 조그만 애들이었던 당신의 사촌들도 이제는 그들끼리 외국 여행을 할 정도로 성숙한 숙녀가 되었답니다.

당신의 사촌 마사와―때가 되면 도착할―캐서린 양이 얼마나 보고 싶은지 이루 말로 표현할 수가 없군요. 당신과 한 핏줄이기에 그들을 내 친 혈육처럼 소중히 돌보는 것 외에 달리 무엇을 할 수 있을까요? 따뜻한 계절에는 월모트 자매에게 트로이츠코에의 모든 재미와 즐거움을 맛보게 할 것이고, 겨울의 추위를 피해 시내로 들어갈 때에는 약속하건대 모스크바에서 열리는 최고의 무도회와 연회를 경험하게 할 거예요. 내가 아이들을 망칠까 걱정이 되신다면, 그래요, 당신의 걱정이 틀리지 않을 거라 말할 수밖에 없겠어요! 하느님께서 당신에게 좋은 건강과 축복을 내리시기를!

당신의 사랑하는 친구, 예카테리나 다슈코바.

아일랜드 귀족 가문 출신의 젊은 여성 마사 월모트는 트로이츠코에에 손님으로 5년간 머물렀고, 그 동안 다슈코바 왕녀에게 딸과 같은 존재가 되었다. 그녀는 러시아의 시골 생활을 경험했을 뿐 아니라 궁정에도 소개되어, 당시 가장 영향력 있는 귀족들과도 어울렸다.

1803년 뜨거운 8월의 늦은 오후, 마사 월모트 양이 트로이츠코에 도착했다. 그녀의 부모가 이 여행을 보낸 것은 잠시 휴식을 취하면서 그녀가 좋아했던 오빠의 죽음을 잊고 슬픔을 달랠 수 있기를 희망해서였다. 그러나 28세의 이 아가씨는 마차에서 내릴 때 기대보다 걱정이 더욱 앞섰다. 긴 여행 중에 잠시 상트페테르부르크에 들렀을 때 그녀는 다슈코바 왕녀에 대한 불쾌한 험담을 들었다. 여러 해가 지난 후 그녀는 이렇게 회고했다. "나는 그녀를 아주 잔인하고 악의에 찬 사람으로 상상했다." 이 젊은 외국인은 트로이츠코에 자체가 암울한 요새 같아서, 아마도 사악한 여주인이 그녀의 편지를 검열

영지에서의 성장과 교육

모든 나라의 귀족 계층에서 그러했듯 러시아의 시골 영지에서도 어린이들이 부모와 격리된 세계에서 생활했다. 러시아 어린이들은 이 격리를 일찍부터 경험했다. 아기가 태어나면 농노 유모가 맡아 키웠고, 젖을 뗀 후에는 농노 보모가 맡아 길렀다.

부유층 부부와 그들의 세 어린이를 보여주는 왼쪽 그림에서처럼 보모는 아이들에게 최초의 종교적 훈련을 제공했고 러시아의 옛날 이야기들을 들려주었다. 보모의 손을 떠난 후에는 남녀가 따로 교육을 받으면서 서구적 가치와 부모의 취향을 물려받기 시작했다. 보통 남자아이는 집에서 외국 태생의 개인교사로부터 몇 년 동안 교육을 받고 기숙학교에 보내진 다음, 군대나 관청에서 사회 생활을 시작했다. 여자아이는 대개 집에 머물면서 여자 가정교사로부터 나중에 영지의 여주인이 되었을 때 필요하게 될 실용적·사회적 기술을 배웠다. 이렇게 성장한 여성이 아기를 낳으면 충실한 유모와 보모를 찾아 자신의 아기를 맡김으로써 똑같은 과정이 고스란히 반복되었다.

할 것이라는 경고를 듣기도 했다.

그러나 마차에서 내린 순간 특이한 모습의 귀부인이 정원을 가꾸다 손에 묻은 흙을 털면서 잔디밭을 가로질러 큰 걸음으로 다가오는 것이 보였다. 왕녀의 옷에서는 유행보다 편안함이 묻어났다. 오늘 같은 특별한 오후에 그녀는 의외로 남자용 모자를 쓰고 화장복처럼 생긴 옷을 입고 있었다. 그녀는 마사를 보자 즉시 유창한 영어로 편하게 인사했다.

"그녀는 생각했던 것보다 부드러운 외모를 지녔어요"라고 마사는 집에 보내는 편지에 썼다. 그리고 왕녀의 따뜻한 미소와 편안한 예절을 예찬하면서 "평범한 사람들과 구별되면서도 불쾌하지 않은 어떤 면"이 있다고 말했다. 트로이츠코에도 예상했던 것처럼 무서운 곳이 아니었다. 집안 분위기는 여주인의 '영국식 취향'을 잘 보여주었다. "그녀는 아주 척박한 조건에서도 집안 곳곳에 대단히 사랑스럽고 멋진 공간들을 창조해냅니다!"

그후 5년 동안 마사 윌모트는 그곳에서 왕녀 다슈코바의 수양딸처럼 생활했다. 1805년에 도착한 언니 캐서린은 2년 후 혼자 떠났다. 그들이 자세히 기록한 일지와 고향인 아일랜드로 보낸 편지에는 러시아 귀족계층의 삶에 대한 값지고 솔직한 내용이 자세하게 기록되어 있다.

트로이츠코에는 모스크바에서 남서쪽으로 80km 떨어진 수 에이커의 삼림 안에 자리잡고 있었다. 왕녀의 웅장한 저택이 우뚝 솟아 있는 이 영지는 그 자체로 하나의 세계였다. 존경받는 지주에게는 필수적으로 있어야 하는 마구간, 직원 숙소, 창고, 착유장, 그밖의 농장 건물들 외에도 왕녀는 열대 과일을 재배하는 온실, 개인 극장, 승마 학교, 온욕장, 포장된 산책로를 건설했다. 잔디밭과 관목 숲 사이로 난 산책로를 따라가면 다양한 시골풍의 큰 농가와 예쁜 대피소들이 나왔다. 마사는 명상에 잠겨 근처의 강둑을 한가로이 거닐거나, 중국풍의 사원을 축소해놓은 건물에 들어가 몽상을 하거나, 자작나무 그늘이 드리워진 오솔길을 정처없이 거닐곤 했다.

흰 벽토로 치장된 저택 내부에는 화려한 응접실들, 웅장한 석조 계단, 일 렬로 이어진 침실들, 모든 것이 완비된 독립된 사랑채, 수천 권의 장서로 가 득한 서재, 무도회실, 조상들의 초상화가 나란히 걸린 화랑이 있었다. 바닥 과 가구에는 여러 종류의 다채로운 목재를 상감 세공으로 새겨넣었고, 그 모 든 것이 보석처럼 윤이 나도록 깨끗이 닦여 있었다.

"200명, 300명, 많게는 400명의 하인들이
작은 한 가족의 시중을 들다니…."

마사의 하루는 아침 7시 30분에 시작되었다. 그녀는 자신만의 "편안하고 쾌적하고 모든 것이 잘 갖춰진 큰 방"에서 아침 식사로 커피를 마셨다. 커피 를 다 마시면 하녀가 얼음덩어리가 담긴 그릇을 들고 나타났다. 마사는 이것 이 러시아의 모든 귀족 여성들에게 필수적인 발그레한 안색을 만들기 위해 뺨에 문지르는 얼음임을 알게 되었다. 책을 읽거나 음악을 연주하거나 편지 를 쓰며 조용한 아침을 보낸 후에는 왕녀의 방으로 찾아가 한 시간 가량 대 화를 나눴다. "때로는 왕들과 여제들에 대해 담소를 했고, 때로는 밀과 호밀 에 대해 이야기를 나눴다."

점심은 오후 2시에 먹었다. 마사는 트로이츠코에의 요리를 높이 평가했다. 음식은 영지에서 생산된 재료들, 가령 강에서 잡은 물고기, 밭에서 수확한 야채, 왕녀의 착유장에서 생산한 크림과 치즈 등으로 만들어졌다. 마사의 편 지는 싱싱한 오이절임, 캐비어, 생선 수프, 온갖 종류의 샐러드, 구운 고기와 엽조의 요리 등 모든 것이 "청결함과 섬세한 맛이 깊이 밴 최상의 음식"이었 다고 전했다.

식사를 마친 후 집안의 부인들은 응접실로 몰려가 책을 읽거나 바느질을 하며 평화로운 시간을 보냈다. 그러나 날씨가 심술을 부리지 않는 한 신선한 공기를 마시며 몇 시간 산책을 하지 않으면 하루가 허전했다. 산책이 끝나면 다시 허기가 찾아와 저녁식사를 하기 위해 모여들었다.

이 틀에 박힌 일상 중간중간에 그들은 자주 소풍을 가거나, 이웃 저택을 방문하거나, 강에서 수영하거나, 들판과 작업장에서 일하는 농노들을 살피기 위해 영지를 돌거나, 연기에 그을린 오두막에 들러 나이 많은 여자들을 방문하거나, 일요일과 성일에 마을 교회를 찾곤 했다. 마사의 기록에 따르면, 가끔은 성직자가 기도문을 이끌지 못할 정도로 너무 취해서 교회의 의식이 취소되기도 했다고 한다. 그리고 성직자의 인도가 마땅치 않으면 왕녀는 미사를 중단시키고 그의 무능함을 꾸짖기도 했다.

왕녀처럼 양심적인 지주들은 영지 관리에 상당한 시간과 노력을 기울였다. 위대한 작가 레오 톨스토이는 그의 부친이 오랜 시간 동안 토지 관리인과 붙어앉아 책 수를 조사하고, 집세, 저당, 수리비, 건초 판매 대금, 대책 없이 빚더미에 올라앉은 방앗간 주인의 재정적 불행 등에 대해 다투던 것을 기억했다.

그런 충돌을 피하기 위해 대부분의 귀족들은 사냥개와 마부와 사냥꾼들을 불러모으고 자신이 좋아하는 말과 함께 사냥터로 나가 여우, 새, 토끼, 곰, 늑대 등을 찾아다녔다. 그러나 다슈코바 왕녀는 보다 자유로운 방법을 좋아했다. 그녀는 소매를 걷어붙이고 치마를 졸라맨 채 벽을 보수하거나, 말에 편자를 박거나, 도로를 내거나, 옥수수 껍질을 벗기거나, 아픈 사람과 동물을 치료하는 일에 직접 뛰어들었다. 마사의 언니 캐서린은 놀라서 "그녀는 의사에, 약제사에, 수의사에, 목수에, 치안판사에, 변호사예요"라고 말했다.

언제라도 기꺼이 손에 흙을 묻히는 다슈코바였지만, 작은 왕국을 다스릴 때에는 절대군주와 같았다. 시중 드는 사람들에게는 다행이지만 왕녀는 비교적 관대한 군주처럼 보였다. 그러나 일단 마음을 먹고 나서면 200여 명의 하인들을 마음대로 부렸다. 트로이츠코에는 다른 귀족들의 저택에 비하면 인원이 적은 편에 속했다.

마사 윌모트는 다음과 같이 기록했다. "하인의 수가 놀라울 정도로 엄청나다. 200명, 300명, 많게는 400명의 하인들이 작은 한 가족의 시중을 들다니…. 러시아 귀부인은 자기 발로 계단을 오르는 걸 경멸한다. 과장이 아니라 실제로, 얼굴에 분칠을 한 두 명의 하인이 양쪽에서 귀부인의 백합같이 새하얀 팔꿈치를 잡고 그녀를 들어 계단을 올라가는 동안 또 다른 두 명이 온갖 종류의 숄이며 외투 등을 들고 그 뒤를 따른다."

일반적인 귀족 가정에는 개인교사, 여자 가정교사, 의사, 음악교사, 댄스교사처럼 전문 기술을 가진 여러 명의 전문가가 고용되어 있었다. 그러나 주인의 시중을 드는 대부분의 사람들은 귀족 지주 가문과 여러 세대에 걸쳐 가까운 관계를 맺고 사는 농부 가족의 구성원들, 즉 농노였다. 농노 중에는 영주의 저택에서 일하는 가사 농노가 있었고, 또 가구 제작, 재단, 건축과 같은 특별한 기술을 배우는 도제 농노도 있었다.

농노는 크리스털로 만든 샹들리에나 만찬에 쓰는 자기류처럼 영주의 물질적 소유물로 간주되었다. 그래서 다슈코바가 마사에게 유용한 선물을 한 아름 선사했을 때, 비단, 숄, 봉랍 등과 함께 작은 농노 소녀를 포함시킨 것은 왕녀로서는 사려 깊은 결정이었다. 마사는 상반된 감정을 느꼈다. "오늘 저녁 나의 어린 파신카가 도착했다. 친애하는 왕녀께서는 그녀가 영원히 나의 소유물이라고 말씀하셨다. 가엾은 아이. 나는 절대로 그 아이를 소유물이란 말로 부르지 않을 것이다."

러시아 지주에게는 그가 소유한 모든 농노에게 유용한 일을 시키는 것이 명예에 관한 문제였다. 영주의 마을에 사는 사람들은 들판에서 일을 해 생계를 유지했다. 그러나 수많은 가사 농노들에게도 밥값에 해당하는 일이 있어야 했다. 전담시킬 일이 없으면 일부러라도 일을 만들어내야 했다. 그래서

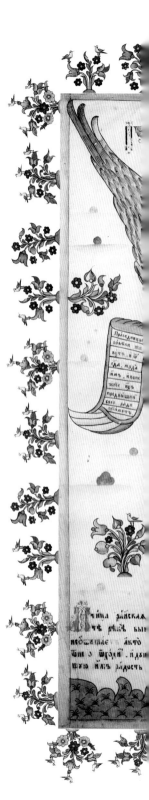

| 신비에 싸인 러시아 설화 |

설화는 러시아 구비 문학의 한 부분이자 러시아 문화의 오랜 줄기였다. 민담을 전승했던 이야기꾼들은 벌목꾼들의 야영지에서부터 차르의 침실에 이르기까지 어느 곳에서나 청중을 발견할 수 있었다.

이야기꾼들은 어떤 형태로든 약간의 대가를 기대하고 영웅과 공주, 도깨비와 용, 하늘을 나는 카펫과 마법의 여행에 관한 이야기를 들려주었다. 그 속에는 거대한 독수리 발에 매달려 공중에 떠 있는 오두막에 사는 숲 속의 마녀 바바야가, 마법의 도움으로 차르의 딸을 얻는 바보 이반, 이고르 스트라빈스키의 영감을 자극해 발레 곡으로 탄생했던 신비의 불새도 등장했다. 왼쪽 그림은 18세기에 손으로 그린 유채화로, 반은 새이고 반은 여자인 슬픔의 새 알코노스트를 그린 것이다. 알코노스트는 미모와 달콤한 노래로 남자를 호려 그의 생명을 보호하거나 파괴하는 힘을 지녔다고 전한다.

어떤 귀족 집안에서는 한 종류의 의류만을 책임지는 시종이나 하녀를 두거나, 주인의 파이프에 불을 붙이고 담배를 채우는 일만 하는 아이를 두었다. 서열이 낮은 농노들은 유리 닦기, 가구 닦기, 빨래, 요리 같은 일반적인 가사 노동에 종사했다.

하인들은 귀족의 아방궁을 유지하는 것 외에도 종종―오늘날 호화 유람선의 승무원들처럼―예능인 역할을 했다. 마사는 트로이츠코에의 품격 있는 소극장에서 벌어지는 공연을 좋아했다. "우리의 일꾼들, 요리사들, 하인들이… 왕자, 공주, 목동, 시골 처녀로 분장하고 놀랄 정도로 활기찬" 연기를 보여주었다. 막이 내리면 요정과 영웅들은 일상의 제복으로 갈아입고 저녁 식탁에서 캐비어를 돌렸다.

러시아의 대저택은 환대가 넘치는 곳이었다. 월모트 자매처럼 아주 먼 곳에서 온 손님들이 몇 년씩 머무는 것은 흔한 일이었다. 그래서 어느 가정이든 거의 항상 손님과 식객이 묵고 있었다. 식탁 한켠에는 항상 가난한 친척, 불운하게도 때맞춰 찾아온 이웃, 늙은 하인, 그리고 아장아장 걷던 도련님이 올챙이배와 턱수염에 손자까지 본 할아버지가 되기까지 한 집안에서 살아온 노령의 유모를 위해 자리가 마련되곤 했다.

신앙심이 깊은 가정에서는 마치 성령의 이끌림을 받는 듯 이집 저집을 떠돌아다니며 축복이나 신비한 예언을 해주고 음식과 잠자리를 얻는, 저능해 보이는 낯선 사람을 위해서도 자리를 마련했다. 톨스토이는 그의 어머니가 그리샤라는 이름의 그런 성인에게 자비를 베풀던 것을 (그리고 그의 부친이 내심 못마땅해 하던 것을) 기억했다. 그리샤는 어떤 날씨에든 맨발로 식사시간에 맞춰 찾아왔다. 그는 식당 구석에 마련된 작은 식탁에 앉아 지리멸렬한 기도문과 예언을 늘어놓으면서도 수북이 쌓인 그의 접시에서 한순간도 눈을 돌리지 않았다.

그러나 러시아 시골을 떠돌아다니는 그리샤 같은 배고픈 성인도 제철이 아닐 때에는 대저택의 문을 두드리는 어리석은 짓을 하지 않았다. 8월의 강렬한 태양이 서늘한 안개와 가을비로 바뀌면 저택의 불들은 하나씩 꺼지기 시작했다. 이때가 되면 귀족들은 너나없이 모스크바나 상트페테르부르크에 있는 겨울 저택으로 이주할 준비를 했다.

초로의 다슈코바 왕녀에게 도시생활은 별 매력이 없었다. 그녀는 1년 중 대부분의 시간을 시골 영지에서 보냈다. 그러나 마사가 머무는 동안에는 트로이츠코에서 몇 차례 멀거나 가까운 곳으로 여행을 떠났다. 또한 젊은 손님에게 모스크바의 세련된 사교계를 소개했고, 여름에는 폴란드에 있는 그녀의 저택에 데려가기도 했다.

일단 여행을 할 때는 품위 있는 여행을 했다. 예를 들어, 폴란드 여행에는 은식기와 와인잔이 포함된 야외 주방, 이동용 침대 틀과 그에 필요한 모든 침구류, 짐마차 두 대, 하녀 다섯 명, 남자 하인 14명, 집사, 두 명의 요리사, 27마리의 말, 그리고 세 마리의 신이 난 개들이 함께했다.

귀족들이 도시 저택과 시골 저택을 오갈 때, 특히 모스크바나 상트페테르부르크에서 오랜만에 시골 저택으로 돌아올 때에는 그런 여행보다 훨씬 정교하고 정성스런 준비가 필요했다. 봄철을 맞이해 시골 영지로 출발하는 일은 마지막 차 한 잎까지 포함해 가족의 안락과 즐거움에 필요하다고 생각되는 물품을 단 하나라도 빠뜨리면 안 되는, 병참술에 버금가는 악몽이었다. 100대의 짐마차 행렬은 드문 광경이 아니었다.

산더미 같은 짐이 다 꾸려지면 온 가족이 모여 전통적인 고별의식을 치렀다. 모든 사람이 둥그렇게 앉아 잠시 침묵을 지켰다. 가볍게 끝날 여행이 아니기 때문에 기도를 하는 것이 바람직했다. 날씨는 변덕스럽고, 도로는 종종 위험했으며, 우체국과 우체국 사이 또는 친절한 가정집 사이의 거리는 길고도 외로웠다.

귀족들은 편안한 여행을 위해 키비트카라는 것을 탔는데, 윌모트 자매가

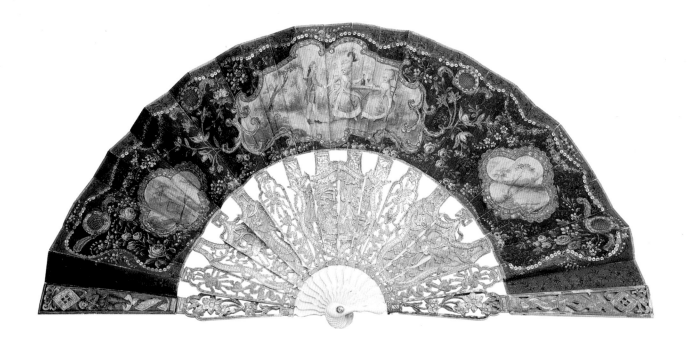

보기에 거대한 요람처럼 생긴 키비트카는 네 명이 불편함 없이 누울 수 있을 정도로 컸다. 또한 차체가 길고 지붕이 달린, 서리 형 마차(두 좌석의 4인승 4륜 마차)를 연상시키는 리네이카라는 것도 있었다. 겨울 여행 때는 이 탈것에 바퀴 대신 썰매를 달아 꽁꽁 얼어붙은 강도 마치 도로 위를 달리듯 빠르게 지나가곤 했다.

그러나 이 특별한 장치도 트로이츠코에와 모스크바를 잇는 길에서는 종종 무용지물일 경우가 있었다. 마사의 언니 캐서린은 얼어붙은 눈이 깊게 쌓인 산마루와 계곡을 통과해야 했던 한겨울의 무시무시한 여행에 대해 실감나는 편지를 썼다. "마차가 깊은 구덩이에 빠지면 때로는 20분 동안 꼼짝 못할 때가 있어요. 가엾은 말들이 마차를 끌다 지쳐서 쓰러지면 수십 명의 사람들이 쉴새없이 채찍질을 해대지요."

그러나 혹독한 여행의 끝에는 모스크바의 환한 불빛이 기다리고 있었다. 마사의 모스크바 생활은 흥미로운 오락과 자기 계발의 나날이었다. 그녀는 연극을 관람하고, 친구들을 방문하고, 이탈리아 어를 공부하고, 춤과 그림 수업을 받으며 소일했다. 그녀는 또한 왕녀의 강요에 못 이겨 초상화의 모델이 되기도 했다. 사실 마사가 러시아에 머무는 동안 다슈코바는 최소한 네 번 이 젊은 벗의 초상화를 의뢰했다. 두 번은 전면 크기의 유화였고, 한 번은 다슈코바 자신의 코담뱃갑 뚜껑을 장식할 작은 그림이었으며, 다른 한 번은 마사의 어머니를 위한 선물로 아일랜드에 보낼 작은 그림이었다.

이렇게 바쁜 일정 속에서도 마사는 시간을 쪼개 양재사를 만나 드레스를 가봉해야 했다. 모스크바 상류사회의 임시 회원으로서 그녀에게는 무도회, 연주회, 연회, 결혼식, 가면무도회의 초대장이 매일 날아들었다. 모스크바 사교계의 꽃으로 인정받기 위해서는 분위기에 맞는 사치스런 드레스, 숄, 드레스에 어울리는 보석 등, 모스크바 귀족 여성이라면 누구나 쏙 빼입고 다니는 것들로 옷장 하나를 완전히 채울 필요가 있었다.

어느 호화로운 파티에서 마사는 다른 손님들의 화려한 의상을 구경하느라 차분한 안색을 유지하기가 어려웠다. 한 왕자의 결혼식에서는 "완전한 보석 상점"이 걸어다니는 것을 보았다. 그녀는 자수를 놓은 하얀 공단 드레스에 조화로 만든 화환을 꽃줄에 매달아 장식했고, 머리에는 두 쌍의 다이아몬드 머리띠와 다이아몬드 빗을 꽂고 다이아몬드 머리 장식을 썼으며, 목에는 진주로 엮었지만 다이아몬드가 더 많은 목걸이를 둘렀고, 가슴에는 다이아몬드, 루비, 에메랄드 브로치를 달았고, 허리에는 다이아몬드 테두리에 "달걀만큼" 거대한 진홍색 보석이 박힌 다이아몬드 벨트를 매고 있었다.

그러나 그렇게 사치스런 액세서리를 좋아하는 것은 여자들뿐이 아니었다. 샴페인 잔 너머로 몰래 관찰해보면 그들의 남편, 아들, 심지어 늙은 아버지들도 "다이아몬드와 진주의 무게 때문에 기우뚱거리며" 걸어다니고 있었다. 마사는 특히 커다란 야수같이 생긴 알렉세이 오를로프 백작이란 사람을 보고 충격을 받았다. 그는 여제에 대한 충성을 과시하듯 커다란 다이아몬드들이 박힌 틀 안에 여제의 초상화를 넣어 가슴에 차고 다녔는데, 그 위에는 보통의 유리 대신 엄청난 크기의 납작한 다이아몬드가 덮여 있었다.

그렇게 차려입은 모스크바 상류층은 4시간이나 지속되는 고된 연회를 즐기기 위해 모였는데, 식탁 위로는 제철이 아닌 고급 요리, "비둘기 알만큼 큰" 포도, 고기와 생선을 담은 거대한 접시들이 끊임없이 들어오면서 50~60가지 코스가 빠르게 돌아갔다. 그 엄청난 과잉 앞에서 마사는 슬픔을 느꼈다. "그들의 피곤한 축제에 낭비되는 음식을 우리의 작은 아일랜드로 수송할 수 있다면 얼마나 좋을까 하고 여러 번 생각했다. 이곳에서 아무렇지 않게 버려지는 것들이 그곳에서는 너무나 긴요하다."

떠들썩한 연회 중간에 손님들은 춤을 추거나 수준 높은 연극과 음악공연을 감상했다. 주인들은 서로 경쟁하듯 최고의 볼거리를 제공했다. 다이아몬드 틀에 여제의 초상화를 넣어 착용했던 그 오를로프 백작은 농노로 구성된 40명의 호른 연주자 오케스트라를 가지고 있었다.

1806년 새해를 축하하는 무도회에서 마사와 그녀의 새 친구들은 정교한 그림자 연극을 보고 성대한 만찬을 즐겼으며, 새벽의 여신 오로라가 황금 마차를 타고 나타나 아침의 문을 여는 것에 비유되는 그림 같은 장면을 보며 감탄했다. 그런 다음 그들은 무도회장으로 모여들어 그 유명한 폴로네즈를 추었고, 다시 밖으로 나가 그 집 하인들이-성공하진 못했지만-열기구를 띄우는 것을 구경했다.

이런 일들은 때론 싫증이 나기도 했지만, 재치 있는 대화는 고갈되는 법이 없었다. 모스크바와 상트페테르부르크의 모임에서 귀부인들의 대화는 열정적인 친프랑스 파 세력이 주도하는 서구 지향적인 분위기 때문에 거의 항상 프랑스 어로 이루어졌다. 프랑스에서 온 개인교사들이 상류층 자제들을 가르쳤고, 프랑스 의사들이 귀족들의 건강을 돌봤으며, 프랑스 재단사와 모자 상인들이 무엇을 어떻게 입어야 하는지를 공손히 충고하면 귀족들은 성경 구절과도 같은 파리 패션을 따라잡기 위해 그들의 충고를 기꺼이 받아들였다. 마사는 탄식하듯 말했다. "이처럼 프랑스 풍에 집착하는 나라는 일찍이 어디에도 없었다."

프랑스 어는 또한 뒷말의 언어였다. 세련된 응접실일수록 황실의 재정적 파탄과 불명예에 관한 이야기들이 특히 인기 있는 주제였다. 그런데 마사를 소름끼치게 만든 것은 그녀 자신이 이 우스꽝스런 뒷말의 주인공이 되어 있다는 사실이었다. 사람들 사이에서는 노왕녀가 마사에게 애정을 쏟는 것이 마사가 왕녀의 마음뿐 아니라 유언까지 노리고 냉혹한 계획을 세워, 다슈코바와 그녀의 친딸인 슈체르베닌 부인 사이를 이간질하고 있기 때문이라는 황당한 소문까지 돌았다. 그러나 모녀지간은 마사가 도착하기 오래 전부터 틀어져 있었다. 결국 마사는 비방의 진원지가 다름아닌 슈체르베닌 부인이란 것을 알아냈을 것이다.

마사는 "왕녀의 행복이 나의 체류와 관계 있는 것 같아" 걱정스러웠지만, 시간이 흐를수록 이제는 집으로 돌아갈 때가 되었다는 생각이 커져갔다. 결국 1808년 10월, 왕녀의 간청에도 불구하고 그녀는 여주인에게 눈물 어린 작별을 고하고 서쪽으로 기나긴 여행을 시작했다. 그녀의 짐에는 다슈코바가 준 선물이─값지고 중요한 여러 권의 서적, 보석과 기념품이 담긴 상자들, 새 옷이 담긴 트렁크들, 심지어 표트르 대제의 유품인 시계까지─단 하나를 제외하고 모두 들어 있었다. 그 단 하나는 바로 농노 소녀 파신카였다.

러시아 왕녀는 친딸보다 더 소중했던 그 젊은 외국인을 그리워하며 1년 정도를 더 살다, 1810년 1월 4일 모스크바에서 숨을 거두었다. 그녀의 마지막 소원에 따라 그녀의 몸은 트로이츠코에 묻혔다. 잊혀진 왕녀의 장례식답게 마지막 의식에 참석한 조객은 그 지역 성직자와, 그녀의 안식처이자 기쁨이었던 영지에서 온 몇 명의 농노뿐이었다.

다슈코바의 웅장한 트로이츠코에 저택에서 약 1,120km 떨어진 또 다른 저택에서는 아주 다른 종류의 한 지주가 무명 모기장이 둘러쳐진 나무 침대 위에서 기척을 하고 있었다. 스테판 미하일로비치 바그로프는 하품을 하고 굳은살이 박인 손으로 드러난 가슴을 긁으면서 잠자리에서 일어났다. 그는 때에 전 가죽 장화를 신은 다음, 아직도 바닥에 누워 코를 골며 자고 있는 두 명의 하인을 조심스럽게 넘어갔다. 잠잘 때 입었던 셔츠―그의 농부들이 천을 짜고 바느질해서 임대료의 일부로 그에게 준 거친 아마포 셔츠―만 걸친 채 그는 문을 열고 작은 목조 현관으로 나간 다음, 마당으로 이어진 계단 꼭대기에 걸터앉아 근처 강에서 불어오는 산들바람을 즐겼다.

바그로프는 19세기의 작가 세르게이 악사코프가 소설 형식으로 쓴 회고록에 할아버지로 등장하여 불후의 명성을 얻을 인물이었지만, 지금 이 순간에는 그의 영지를 응시하며 고요한 만족감을 느끼고 있었다. 이 귀족은 땅을 소유했다는 것 외에는, 겨울을 나기 위해 도시의 저택으로 떠나고 자신의 시골 저택을 여름 별장쯤으로 생각하는 세련된 귀족들과는 공통점이 거의 없었다. 할아버지에게 모스크바와 상트페테르부르크는 팀북투(아프리카 서부의 도시)만큼이나 낯선 곳이었다. 그는 그의 물방앗간 개울 위로 그늘을 드리운 자작나무와 마가목처럼 자신의 땅에 뿌리를 깊이 내린 채 꼼짝하지 않았다.

그의 눈앞에 펼쳐진 모든 것들은 그 자신의 고된 노동으로 일군 결실이었다. 젊었을 때 할아버지는 수세기 전 국왕의 칙령에 의해 그의 조상들에게 하사된 볼가 강 근처의 영지를 떠났다. 그가 성년에 이를 무렵 이미 그 땅과 그 위에서 일하던 농노들은 여러 세대에 걸친 상속인들의 유산과 딸들의 지참금으로 갈기갈기 찢어진 상태였다. 한때 수량이 풍부했던 강줄기들은 바닥이 드러날 정도로 말라붙었고, 과도한 착취로 황폐해진 한정된 토지는 지나치게 많은 토지 소유자들에게 생계에 필요한 수확조차 내주지 못했다.

그래서 할아버지는 동쪽으로 이주했다. 그가 당도한 우파 주는 산과 스텝

(대초원)과 숲과 비옥한 흑토가 펼쳐진 미개척 지대였다. 그와 함께 떠난 수십 가족의 농노들이 그를 도와 나무를 베고, 물살이 빠른 볼쇼이 부구루슬란 강변에 그가 매입한 땅을 경작했다.

할아버지는 김이 모락모락 나는 놋쇠 사모바르에서 따른 차를 음미하면서 그의 마당을 파헤치는 돼지들을 지켜보다가, 우사에서 빠져나와 집 모퉁이를 돌아 한가롭게 목초지로 향하는 젖소들을 바라보았다. 아내와 아이들—다섯 딸과 갓난 아들—과 아침식사를 한 후, 그는 마부인 맨발의 스피리돈에게 4륜 마차인 드로슈키에 말을 매라고 명령했다. 스피리돈이 모는 드로슈키를 타고 그의 영지 바그로보를 시찰하는 것이 오전의 일과였다.

그는 먼저 귀리밭과 밀밭과 잔물결 치는 호밀밭을 둘러보았고, 농부들이 그들 자신의 곡식을 재배하는 작은 밭들을 둘러보았다. 묵혀두었던 밭에 새로 쟁기질을 해서 파종할 준비를 해놓은 곳에 이르면, 할아버지는 농부가 밭을 제대로 갈았는지를 확인하기 위해 스피리돈에게 똑바로 마차를 몰아 이랑들을 타고 넘게

영주가 안락하게 꾸며진 마차를 타고 도시와 시골을 오가는 동안 제복을 입은 농노들이 영주를 호위했다. 지주들은 빠르고 매끄러운 겨울 여행을 더 좋아했고, 마차 바퀴가 빠지는 봄철 해빙기에 여행하는 것을 꺼렸다.

했다. 마차 바퀴가 흙덩이에 부딪혀 덜컹거리지 않으면 흙이 잘게 부서져 있는 것이므로 밭을 간 농부로서는 다행이었다.

집에 오는 길에 할아버지는 딸기가 따도 될 만큼 익었는지를 세심하게 살펴보았다. 그는 마음속으로 잘 기억해두었다가 때가 되면 하녀들을 시켜 딸기를 따게 한 다음, 첫 수확한 과일을 아내 아리나에게 한 아름 선사했다.

6월의 날씨가 아무리 뜨거워도 할아버지의 식욕을 꺾지는 못했다. 점심때가 되면 할아버지는 가족들을 다시 불러모았다. 뜨거운 양배추 수프에 이어 얼음을 띄운 사탕무 수프를 먹으면 여러 가지 생선 요리―소금에 절인 싱싱한 철갑상어와 강에서 잡은 가재―가 나왔고, 여기에 집에서 만든 차가운 맥

영지에 속박된 농노들은 특수한 분야의 일을 전문적으로 담당하는 경향이 있었지만, 그림 속에서 나무통을 만드는 여러 단계의 작업에 몰두하고 있는 일꾼들처럼 모든 농노가 바쁘게 일한 것은 아니었다. 부릴 농노의 수가 충분한 영지에서는 램프에 불을 붙이는 일만 전담하는 농노도 있었다.

주인의 시골 영지에서 베틀을 수리하고 있는 농노. 지주들은 종종 농노들에게 다양한 예술과 공예를 익히게 해서 문화적·경제적으로 자족적인 하나의 왕국을 완성했다.

주를 마음껏 들이켰다. 귀찮게 달려드는 파리 떼쯤은 아무 문제가 안 되었다. 할아버지의 의자 뒤에선 건장한 하인이 자작나무 가지를 연신 휘둘러 날개 달린 침입자들의 기를 사정없이 꺾어놓았다.

신성한 일과와도 같은 오후의 낮잠을 즐긴 후 맥주와 차로 잠을 깨고 나면 이번에는 방앗간과 양계장을 둘러보았다. 마지막으로 할아버지는 한 시간가량 슬라브의 솔로몬이 되어 정의를 집행하고 농노들의 분쟁을 중재했다.

저녁식사도 점심 못지않게 풍성했다. 평화롭게 음식을 소화하기 위해 할아버지는 가족들을 잠자리에 들게 한 후, 혼자 현관에 앉아 선선한 저녁 공기를 즐겼다. 그렇게 위도가 높은 곳에서는 여름의 황혼이 하늘가에 계속 머물다가 자정이 훨씬 지나서야 사라졌다.

러시아 전역에는 할아버지처럼 비교적 많지 않은 재산을 가진 소박한 가장들이 많았다. 그들은 호사보다는 안락함을 누렸고, 다슈코바의 모임에서 볼 수 있는 지적 교양과는 조금 거리가 있었다. 할아버지도 결코 독서를 많이 한 사람이 아니었고, 글을 쓰는 것도 그에겐 노력이 필요한 일이었다. 물론 계산 능력만큼은 혀를 내두를 정도였고, 특히 손익을 계산할 때는 그 누구도 토를 달지 못했다. 그런 지방 영주들은 사회적 신분이 도시의 귀족들보다 몇 단계 낮았으며, 자신의 위치를 망각한 사람에게는 즉시 기억을 되살릴 기회가 주어졌다. 예를 들어, 어느 저명한 미망인은 신분이 고귀한 사람이 오면 저택의 정면 현관에서 손님을 맞이한 반면에, 혈통에 약간이라도 푸른

|귀족 혁명 당원 |

미국과 프랑스 혁명에 자극을 받은 귀족 장교들의 비밀 모임이 1825년에 12월 혁명을 일으켰다. 살을 에는 날씨였음에도 거의 3,000명의 군인과 동조자들이 12월 14일 아침 상트페테르부르크 원로원 광장(현재 데카브리스트 광장)의 표트르 대제 동상 앞에 모였다. 그들은 농노제 – "우리 민족의 치욕"이라 불렀다 – 의 폐지와 군주제 개혁을 요구했다. 그러나 그들에게 돌아온 것은 황실 근위대(위)의 진압이었고, 짧지만 잔인한 충돌, 체포, 수감, 추방이 그 뒤를 이었다.

한 시간도 못 되어 1,000명 이상의 당원들이 죽거나 부상당했다. 120명의 지도자 중 "죄가 가장 무거운" 다섯 명은 처형되고 나머지는 시베리아로 추방되었는데, 1856년에야 특사로 풀려나 서쪽으로 돌아올 수 있었다.

12월 당원(데카브리스트)의 부인들은 귀족의 모든 특권을 버리고 남편 또는 약혼자를 따라 시베리아로 떠났다. 사랑을 선택한 11명의 여자들 중 가장 어린 사람은 남편 사진과 함께 왼쪽에 소개된 20세의 마리야 폴콘스카야 왕녀였다. 결혼한 지 1년도 안 되어 혁명을 겪은 마리야는 수감된 남편의 뒷바라지를 위해 영하 수십 도의 혹한과 눈보라를 뚫고 6,400km의 머나먼 길을 썰매로 달려갔다.

비극은 거기서 끝나지 않았다. 아들 니콜렌카(왼쪽)를 데리고 가는 것이 허락되지 않았기 때문에, 마리야는 아기를 상트페테르부르크의 할머니 집에 맡기고 떠났다. 그녀는 니콜렌카를 다시 보지 못했다. 시베리아에 도착한 직후 아기가 죽었다는 소식이 날아들었기 때문이다.

빛이 도는 손님이 오면 즉시 하인들이 드나드는 문으로 보냈다.

사회질서를 지키는 또 다른 자경단원으로 슈포프라는 이름의 대부호는 상대방이 소유한 농노의 수에 따라 인사의 수위를 조절하는 것으로 유명했다. 수천 명의 농노를 거느린 다슈코바 왕녀라면 깊숙한 인사와 따뜻한 미소를 받았을 것이고, 고작 180명의 농노를 소유한 바그로프 할아버지는 퉁명스럽기 그지없는 목례에 만족해야 했을 것이다.

몇몇 지역에서는 대영주들의 시골 영지가 지방 귀족들의 영지와 맞붙어 있기도 했다. 그러나 대공들은 웅장한 계단, 육중한 주랑 현관, 돔 지붕을 얹은 별관이 딸린 신고전주의풍의 궁전에서 살았다. 반면, 바그로프 할아버지 같은 소영주들은 낮은 목조가옥에서 살았고, 가족이 늘어나면 별채를 불규칙하게 증축하거나 되는 대로 중 2층(아래층과 2층 사이)을 얹어 규모를 늘렸다.

그러나 바그로프 할아버지는 제복을 입은 하인들이 지키는 대리석 테라스가 아니라, 돼지들이 땅을 파헤치며 돌아다니는 마당 앞 작은 현관에 앉아 있었지만 그 모든 것에 만족했다. 차르가 절대권력을 가지고 러시아를 지배한 것처럼 할아버지도─발트 해에서부터 시베리아 사이의 모든 영주들처럼─그의 작은 왕국에서 최고의 권력을 누렸다. 영주의 아내는 실내에서 일하는 하인들을 지배하고 일반적인 가사관리를 책임졌지만, 들판에서 농노들을 관리하는 감독관처럼 잘해야 부관에 해당하는 신분이었다.

성차별은 일찍이 확립되었고 신중하게 조장되었다. 19세기의 한 교육가는 "남학생들의 목표는 넓은 세상이고, 여학생들의 목표는 가정이다"라고 말했다. 상류층에서 성인 남녀는 서로 다른 공간에서 더 많은 시간을 보냈다. 귀족들의 저택은 남녀의 생활공간이 나뉘어져 있었고, 각 공간에는 적절한 성별의 하인들이 배치되었다. 대가족의 경우는 여행을 할 때에도 남녀가 따로 가는 것이 일반적이었다. 분리는 결코 평등을 의미하지 않았다. 가장은 농노들뿐 아니라 가족 전체를 아무런 제재 없이 지배했다.

그 와중에 일부 지주가 그들의 지위를 악용하는 사례도 발생했다. 코슈카로프라는 이름의 악명 높은 부호는 결혼생활의 불편함을 교묘하게 회피했다. 그는 교육을 잘 받은 여자 농노들을 신중하게 골라 첩으로 삼았다. 여자가 어느 정도 봉사하고 나면 코슈카로프는 적당한 때에 여자를 자신의 하인과 결혼시키는 것으로 순결을 보상했다.

그에 비하면 할아버지는 상당히 인자한 독재자였다. 그럼에도 아리나 바그로프와 다섯 딸들은 그의 손아귀에 쥐여살았고, 그런 가운데 자기 보호를 위해 그의 분위기와 변덕을 세심하게 관찰했다. 당연히 딸들은 집안일과 관련된 공모에 능통한 책략가로 성장했다. 할아버지의 외아들 알렉세이는 할아버지의 지붕 밑에서 누릴 수 있는 것보다 더 큰 자유를 찾고 싶었는지, 그 지방의 주도인 우파 시에서 말단 공무원으로 인생을 시작했다.

얼마 후 놀라운 소식이 날아왔다. 알렉세이가 소피아란 이름의 아가씨를 신붓감으로 선택한 것이었다. 이 엄청난 사건을 듣고도 할아버지는 아늑한 현관과 안락한 집을 떠나 번잡한 도시로 여행하기를 거부했다. 그래서 청혼, 지참금 문제 논의, 촛불을 밝힌 도르미티온 성당에서 열릴 결혼식의 세부 사항, 일련의 축

농노 화가 미하일 슈바노프의 〈약혼을 축하하며〉에서 신부와 신랑이 기쁜 날을 축하하기 위해 모인 가족과 친구들에 둘러싸여 있다.

하 파티와 방문으로 이어지는 숨막히는 드라마를 할아버지와 아리나는 다른 사람을 통해 전해듣기만 했다.

그러나 영지 바그로보도 축제에서 중요한 몫을 담당했다. 결혼식 자체만큼 이나 중요한 것이 신혼부부의 첫 방문이었다. 집이 워낙 작았기 때문에 평소 의 침실 구조를 변경해야 했다. 축제에 어울리는 신혼 방을 제공하기 위해 딸 한 명이 강이 보이는 자신의 쾌적한 방을 포기하고 목욕장 휴게실에 임시 로 사용할 침상을 마련했다. 그런 다음 그녀가 쓰던 모든 물건을 내보내고, 침대도 값비싼 커튼이 달린 고급 사주식 침대로 교체했다.

알렉세이와 소피아의 마차가 힘겹게 언덕을 넘은 다음 바그로보의 탈곡장 헛간 옆으로 모습을 드러내자 온 영지가 떠나갈 듯한 환호성이 터졌다. 농부 들, 하인들, 아이들, 절름거리는 노인들까지 모두 결혼 피로연을 위해 할아 버지의 저택 앞마당으로 모여들었다.

할아버지는 약간 오래된 듯하지만, 그보다는 훨씬 멋져 보이는 프록 코트 를 입고 아리나와 나란히 현관에 서 있었다. 금색 실 자수가 놓인 비단 숄을 걸친 아리나는 오늘따라 눈부시게 빛났다. 그들의 손에는 마리아 상과 함께 번영과 환영을 상징하는 빵 한 덩어리와 은제 소금 그릇이 들려 있었다. 신 부와 신랑은 그들 앞에 무릎을 꿇고 축복을 받았고, 그런 다음 당당한 자세 로 그들을 기다리는 가족들과 차례로 키스를 나누었다.

신혼부부는 가족들과 함께 값비싼 선물이 그득한 거실로 들어갔다. 그 사 이 집안으로 몰려든 농부들은 신혼부부의 침대와 풍족한 식탁을 구경하며 감 탄을 연발했다. 농부들은 축제를 준비하는 하인들에게 방해가 되어 결국 집 밖으로 쫓겨났다. 할아버지의 요리사는 아침 일찍 일어나 버터, 크림, 갖은 양념을 듬뿍 써가며 준비한 음식들을 내놓았다.

바그로보에서 충분히 머문 신혼부부는 신분이 있는 모든 이웃들을 방문하 여 허니문의 끝을 알린 다음 우파의 신혼집으로 돌아가 스테판 미하일로비치의 손자를 생산하는 일에 몰두했다. 드디어 소피아의 임신 소식이 도착하자 할아버지는 신부에게 요청해 이 임산부와 아이의 건강을 비는 특별 미사를 드렸고, 그날을 기념하기 위해 농부들의 빚 중 일부를 탕감해주었으며, 만나는 모든 사람을 붙잡고 반강제로 술을 들이켜게 했다.

여자아이를 낳았다는 소식에 이어 아기가 죽었다는 소식이 왔을 때 할아버지는 눈물을 흘리지 않았다. 그의 마음은 남자아이에 있었다. 마침내 그의 기도에 응답이 왔다. 우파로부터 당도한 심부름꾼이 낮잠을 자고 있던 할아버지에게 손자 세르게이의 탄생을 알렸다. 할아버지는 잠이 덜 깬 상태에서 성호를 긋고 높은 서랍장으로 다가가, 바그로프 가문의 족보를 꺼내 동그라미 안에 새 이름을 써넣었다.

어린 세르게이는 번잡한 우파 시내에서 자란 탓에 아버지의 고향집 방문이 그다지 즐겁게 느껴지지 않았다. 세르게이의 부모가 사업차 집을 비우고 그와 여동생이 한 달간 할아버지 집에 머물 때였다. 모든 일가친척이 한자리에 모이게 되는 중대한 날이 바그로보에도 들이닥쳤다. 스테판 미하일로비치가 임종의 순간을 맞이한 것이다.

러시아 귀족계층의 모든 임종이 그렇듯이 할아버지의 임종에도 그들만의 우울한 관습들이 수반되었다. 집 안은 친척들로 가득했고, 몸을 누일 수 있는 방과 별채들은 남김없이 임시 야영지로 변했다. 나무 벽 틈새로 여자들의 울음소리가 들려왔다.

여섯 살의 세르게이는 부모와 함께 응접실 공간을 배정받았는데, 아무도 불을 땔 생각을 하지 않아 몸이 얼듯이 추웠다. 두 아이가 소파 위에서 덜덜 떨고 있는 동안, 그들의 아버지이자 바그로보의 상속인인 알렉세이는 바닥에 닭털 침대를 만들었다. 윌모트 자매가 기거했던 트로이츠코에의 널찍한 사랑채와는 하늘과 땅 차이였다.

철야가 계속되었다. 할아버지의 말없는 축복을 받기 위해 침대 곁에 모이

시골 성당의 미사

러시아의 농촌 어디에서나 농
부들의 삶은 교구를 중심으로
이루어졌다. 대부분의 성당은
장식적인 성장(聖障)을 갖춘 단
순한 목조건물이었다. 신실한
농부들은 성장 앞에 모인 반
면, 지주는 특별석에서 미사를
올렸다.

대부분의 교구 성직자들처럼
러시아의 성직자들도 미사의
대가를 거의 받지 못해 가난한
편이었다. 그 자신과 가족―정
교회는 성직자의 결혼을 허락
했다―을 부양하기 위해 성직
자 역시 농사를 지어야 했다.

전체 신도를 위한 교회의 연중
행사 중 최고의 행사는 부활절
축제였다. 신자들은 입맞춤을
세 번 나누고 부활의 상징인
달걀을 교환하면서 서로에게
'그리스도가 부활했다'는 뜻
의 "크리스토스 보스크레세!"
를 외쳤다.

고 조심스럽게 목소리를 낮추고 대화하는 일들이 여러 날 계속되었다. 그가 결국 세상을 떠나자 온 가족의 통곡 소리가 집 안을 가득 채웠다.

장례식 날 할아버지의 관은 썰매에 실려 근처 마을의 공동묘지로 운구되었다. 할아버지는 그곳에 묻힐 예정이었다. 마차와 썰매들의 긴 행렬이 뒤를 따랐다. 그 사이 할아버지의 쓸쓸한 침실에서는 영지에서 온 두 명의 남자가 성상 앞에 노란 촛불을 밝히고, 이후 8일 밤낮으로 계속될 시편 낭송을 시작하고 있었다. 애도기간 중의 절정은 모든 일가친척이 모여 할아버지의 영혼을 위해 기도하고 잔치를 벌여 그를 기리는 아홉째 날이었다.

어린 세르게이조차도 모든 가족이 그의 아버지를 다르게 대한다는 것을 느낄 수 있었다. 알렉세이는 새 가장이었다. 그의 누이들이 무릎을 꿇고 "우리의 아버지가 되어달라"고 간청했다. 그리고 소피아도 한순간에 도시 태생의 다소 이질적인 며느리에서 그 집의 여주인으로 바뀌었다.

행정절차의 하나로 지방관리가 방문해 모든 농노를 모아놓고 칙령을 낭독했다. 할아버지의 영지에 대한 모든 소유권이 법적으로 알렉세이 스테파노비치에게 넘어간다는 내용이었다. 그리고 어린 세르게이도 우파의 활기찬 거리를 떠나 수목이 우거진 볼쇼이 부구루슬란의 강변에서 바그로보의 새 상속인으로 삶을 시작해야 했다.

세르게이 바그로프—작가 세르게이 악사코프의 자전적 주인공—는 본인이 원하든 원치 않든 시골 영주가 될 운명에 직면하게 되었다. 앞으로 그의 삶은 계급을 따지는 엄격한 인습에 둘러싸일 터였다. 그러나 이 정도의 구속은 악사코프의 친구이자 뛰어난 배우인 미하일 시체프킨의 곤경에 비하면 아무것도 아니었다.

시체프킨은 1788년 우크라이나 지방의 볼켄슈타인 백작 가문의 영지에서 태어났다. 시체프킨이 태어나기 약 45년 전 그의 증조부는 볼켄슈타인의 시골 저택 근처에 있는 시골 성당의 성직자로 일하고 있었다. 성직자의 13세 된 아들 그리고리는 교회 성가대에서 노래를 불렀다. 어느 일요일 아침 미사에 참석한 볼켄슈타인 백작은 그 어린아이의 천사 같은 목소리에 반해 그리고리를 억지로 자신의 농노로 만들었다. 그로부터 이 소년 성가대원과 그의 후손들은 영구적으로 볼켄슈타인 가문의 재산이 되었다.

시체프킨은 낭만과는 거리가 먼 농노 결혼의 산물이었다. 당시 볼켄슈타인 백작은 오래된 전통에 따라 그의 시종-농노가 된 성가대원의 아들, 세묜-과 새 신부의 몸종인 마리를 결혼시켰다.

시체프킨의 부모는 농노 중 가장 지위가 높은 특권층에 속해 있어서 들판의 노역과는 거리가 멀었다. 주인집에서 살고 일하면서 그들의 시중을 드는 시종들은 거의 다 이 특권층 출신이었다. 다른 농노들을 지배하는 집사나 감독관 같은 권위 있는 자리는 항상 그들 차지였다.

그리고 음악이나 연극에 재능이 있는 농노들은 연기자로 선발되어 귀족들이 영지 안에 세운 개인 극장-다슈코바 왕녀의 극장도 그중 하나다-에서 일을 했다. 월모트 자매가 트로이츠코에서 보았던 극단처럼 어떤 극단들은 유흥과 저녁식사를 동시에 담당했지만, 자신의 일에만 전념하도록 허락된 극단도 있었다.

시체프킨의 주인 볼켄슈타인의 저택에도 극장이 있었다. 커다란 홀 안에 세워진 극장은 프로시니엄 아치(무대와 객석 사이에 세운 커다란 액자형 틀로, 회화의 프레임 같은 역할을 한다)와, 좁은 무대와 세 줄의 객석을 구분하는 줄 달린 막을 갖추고 있었다. 시체프킨은 8세의 어린 나이에 백작의 허락을 얻어 〈뉴 패밀리〉라는 희가극을 보고 황홀경에 빠졌다. 오랜 세월이 지난 후 이 위대한 배우는 다음과 같이 회고했다. "그날 저녁이 내 모든 미래를 결정하리라고는 꿈에도 생각하지 못했다."

문제의 그날 밤 시체프킨은 정규교육을 받을 준비를 했다. 그의 부모는 주인의 동의를 얻어 아들에게 농노가 받을 수 있는 최고의 교육을 받게 하기로 결심했다. 얼마 후 시체프킨은 학교 연극에 당당히 데뷔했다. 이제 그의 미래는 분명했다.

러시아 남부 쿠르스크 시내의 중등학교에서 시체프킨은 타고난 재능에 뛰어난 암기력까지 발휘해 높은 성적과 교사들의 열렬한 후원을 받았을 뿐 아니라, 한 극단에 채용되는 행운까지 거머쥐었다. 그것은 그 지방의 몇몇 지주들에게 소유된 농노 연기자들로 구성된 흥행단이었다.

이 어린 연기자는 곧 인생의 모순과 맞닥뜨렸다. 그는 쿠르스크 관객들의 박수갈채를 한몸에 받았고, 같은 학교에 다니는 귀족가문의 자제들과 친구가 되었다. 그러나 농노신분을 망각하는 일은 허락되지 않았다. 무도회나 연회를 열 때마다 백작은 시체프킨을 불러들여 손님들의 코트를 받고 와인을 따르게 했다. 뿐만 아니라 백작은 귀족 친구들에게까지 시체프킨을 임시 웨이터로 빌려주곤 했다.

백작은 시체프킨이 학교를 졸업한 후에도 연기를 계속할 수 있도록 허락했지만, 그와 동시에 영지를 관리하는 토지 측량사 훈련을 받을 것을 명령했다. 몇 년 동안 시체프킨은 계절에 따라 영지와 지방 극단을 오가는 시계추 같은 생활을 반복했다.

1810년, 22세의 이 배우는 엘레나 드미트리예바라는 이름의 아가씨와 사랑에 빠졌다. 그녀는 그늘진 배경의 소유자였다. 갓난아이 적에 버려진 그녀는 귀족가문에 받아들여져 살라고바 왕녀의 피후견인이 되었다. 하지만 어린 시절에는 후견인의 보호를 거의 받지 못해서 재봉 일로 생계를 유지해야 했다. 시체프킨과 결혼을 하면 법적으로 볼켄슈타인의 농노가 되었지만, 그녀는 그를 위해 기꺼이 자신의 자유를 포기하겠다고 선언했다.

1816년 볼켄슈타인 백작이 사망한 후 시체프킨은 카르코프라는 대학 도시의 한 극단으로부터 입단 제의를 받았다. 정말로 그가 너무도 고대하던 기회

니콜라스 세레메테프 백작은 전 러시아에서
제일가는 부호였다. 그의 오스탄키노 영지(아래)는
러시아에서 가장 세련된 예술의 명소였다.
그는 17개 주에 8천km^{2}의 땅을 소유했고,
21만 명의 농노를 거느렸으며, 그들 중 한 명과 결혼했다.

| 오스탄키노의 영광 |

1797년 봄 니콜라스 세레메테프 백작은 예카테리나 대제의 아들 파벨 1세 황제가 그의 시골 저택을 방문하는 날 장대한 볼거리로 그를 환영했다. 백작은 저택에 이르는 작은 숲의 모든 나무 뒤에 농노를 한 명씩 배치했다. 각각의 나무는 거의 잘려진 상태였다. 황제가 일행과 함께 마차를 타고 오는 동안 농노들은 신호에 맞춰 나무를 쓰러뜨렸다. 방문하는 차르의 눈에 그것은 거대한 커튼이 열리는 것처럼 보였을 것이다. 그 커튼 뒤로 교회, 연못, 정원, 그리고 장려한 궁전 등 오스탄키노의 장관이 펼쳐졌다.

당대 최고의 건축가들이 설계해 모스크바의 북쪽 외곽에 세운 오스탄키노의 궁전은 러시아에서 가장 화려하고 세련된 개인 극장으로 유명했다. 오스탄키노의 극단은 농노 배우, 무용수, 가수, 연주자, 의상 책임자, 무대 예술가, 가발 제작자 등을 합쳐 230명 규모였고, 모두 세레메테프 자신의 연극 아카데미에서 훈련을 받은 전문가들이었다.

세레메테프 백작의 예술 후원에는 아내인 프라스코브야

가 중요한 역할을 했다. 사실 그녀는 농노 연기자 출신이었다. 그녀는 7세의 나이에 세레메테프 집안에 들어와서 여러 나라 언어를 배우고 음악과 노래를 시작했다. 4년 후 그녀는 세레메테프의 또 다른 영지인 쿠스코보의 큰 농노 극장에 처음 출연했고, 그후 백작이 가장 아끼는 소프라노 가수로 성장했다. 백작은 그의 발레리나와 가수들을 "내 집의 여자들"이라 불렀고, 각자에게 보석 이름을 붙여주었다. 그는 "진주" 프라스코브야와 사랑에 빠져 1801년 한 작은 성당에서 비밀리에 결혼식을 올렸다.

그러나 부부의 행복은 오래 가지 못했다. 프라스코브야는 백작의 아들을 낳은 후 1803년 폐렴으로 세상을 떠났다. 그녀가 죽은 후 세레메테프 백작은 연극에 대한 흥미를 완전히 잃었고, 6년이 채 못 되어 아내 곁으로 떠났다.

임신 중에 그린 이 초상화에서 세레메테프
백작부인은 이미 병색이 완연하다.
그녀의 목에 남편의 초상화가 담긴 메달이 걸려 있다.

오스탄키노 무도회장은 아래층 바닥을 1.5m 낮춰서
—한 시간도 안 걸리는 기계적인 작동이었다—
250개 좌석을 가진 극장으로 바꿀 수 있었다.
사진에 보이는 것처럼 이 극장은 유럽 최고의 극장들에
뒤지지 않았다. 공연에 특별한 스릴을 더한 것은
숙련된 농노 목수가 고안한 공중 이동 장치, 바닥의
뚜껑문, 환등기 등이 만들어낸 특수효과 덕분이었다.

였다. 카르코프에는 그의 재능에 환호할 관객이 훨씬 많았다. 그는 미망인이
된 백작부인의 허락 없이는 움직일 수 없었지만, 결국에는 그녀의 허락을 얻
어냈다.

2년 후 그에게 한 귀족 흥행주가 접근했다. 레프닌 공이었다. 고매한 예술
적 야망을 지닌 그는 시체프킨을 고용해 그의 폴타바 영지에 있는 개인 극장
에 세우고 싶어했다. 백작부인은 이 토지 측량사를 레프닌 공에게 빌려주면
서 "내가 필요로 할 때에는 그를 다시 돌려보내달라"는 최소한도의 요구조건
을 달았다.

시체프킨의 연기에 탄복하는 관객이 갈수록 늘어났다. 그들은 한 걸음 더
나아가 볼켄슈타인 백작부인에게, 농노신분으로는 이 배우의 재능이 마음껏
발휘될 수 없으니 그에게 자유를 주라고 탄원했다.

"신은 하늘에 있고 차르는 먼 곳에 있다."

백작부인은 미하일 시체프킨의 자유는 물론 아내와 자식들의 자유까지 허
락했다. 그러나 시체프킨은 충분한 돈이 없었기 때문에 레프닌 공으로 하여
금 그와 그의 가족을 사게 했다. 공작은 배우들에게-심지어 농노들에게까
지-연봉을 주고 지방 순회공연을 돌게 했다. 미하일 시체프킨은 러시아 전
역을 돌면서 수천 명의 팬을 더 확보했고, 언젠가는 공작으로부터 가족의 자
유를 살 수 있으리라는 희망으로 자신이 번 돈을 알뜰하게 저축했다.

1822년 모스크바에서 그리 멀지 않은 툴라 시의 한 대규모 극단에서 그에
게 입단을 제의했다. 극단에서 제시한 돈은 시체프킨 본인은 물론이고 엘레
나와 두 명의 아이들까지도 해방시킬 수 있는 큰 돈이었다. 그러나 그의 부
모, 형제들, 그리고 그들의 두 명의 어린 자식을 포함해 모든 가족을 해방시

키기에는 4,000루블이 부족했다. 시체프킨은 앞으로 상당한 돈을 벌 것이라는 기대를 품고 공작을 찾아가 나머지 금액을 약속어음으로 지불하겠다고 제의했다. 그러나 유명 배우라는 그의 신분은 아무것도 아니었다. 레프닌 공은 실망스러운 대답을 내놓았다. 그는 코웃음을 치며 갓 해방된 농노가 아무리 유명하다 한들 무슨 신용이 있겠느냐고 대답했다.

결국 시체프킨의 오랜 팬 중 한 명이 곤경에 빠진 시체프킨을 위해 재정보증을 섰다. 그제서야 공작은 가족의 자유를 허락했다. 마침내 오랜 속박에서 벗어난 시체프킨은 전 가족을 이끌고 모스크바로 이사했고, 러시아에서 가장 사랑받는 유명한 배우가 되었다.

시체프킨은 타고난 재능을 이용해 그 자신과 가족을 해방시켰다. 그러나 대부분의 농노들은 아무리 뛰어난 재능을 타고났어도 속박을 끊을 기회를 얻지 못했다. 농노는 대개 농사를 지었고, 그들 대부분은 문맹이었으며, 법적으로 영주의 토지에 묶여 있었다.

모든 영지는 하나의 작은 절대 왕국이었다. 손바닥만한 영지가 아니라면 영주와 농노가 직접 대면할 일이 거의 없었다. 대개 농노 출신인 집사와 감독관이 위에서 내리는 명령을 농노들에게 전달했다.

어떤 귀족들은 농노들의 삶에 진정한 관심을 보였지만, 또 어떤 영주들은 신체적·정신적 고문을 가하는 사디스트로 악명이 높았다. 법률상으로는 농노를 함부로 살해하거나 농노가족을 깨뜨리는 일이 금지되어 있었다. 그러나 농노를 죽음에 이르게 할 정도로 오래 그리고 심하게 채찍질을 하라고 명령하는 것을 금지하는 법은 어디에도 없었다. 영주가 일방적으로 횡포를 부리면 농노는 권력기관에 어떤 도움도 요청할 수 없었다. 농노들은 이렇게 한탄했다. "신은 하늘에 있고 차르는 먼 곳에 있다."

농노제는 이반 뇌제가 통치한 1500년대부터 러시아 전역에 확산되었으며,

그후 차르들은 조약, 정복, 식민화를 통해 수백만의 자유 농민들에게 속박의 굴레를 씌웠다. 차르들은 귀족들에게 농민에 대한 소유권을 줌으로써 왕권과 귀족계층의 결속을 다졌다.

기본적으로 영주와 농노의 관계는 양당사자간의 구두 계약과 비슷했다. 그러나 농민의 입장에서는 선택이나 협상의 여지가 전혀 없었다. 지주는 그들을 보호하고 주거지를 제공했지만, 그것은 고작해야 집 지을 통나무, 옷 지을 천이나 재료, 기근이 닥쳤을 때 아사를 모면할 정도의 식량을 의미했다. 그 대가로 농노는 세금이나 부역 또는 이 두 가지 모두를 지불해야 했다. 단지 그 선택만큼은 자유였다.

농민들은 토지와 계절의 요구를 따라야 하는 힘겨운 삶을 살았다. 그러나 한 해 중엔 축제, 장날의 여행, 결혼식, 세례식을 비롯해 가족과 마을이 함께 즐길 수 있는 기쁜 날들도 있었다. 정교회에서는 절기에 맞춰 도덕적 틀을 제공하고 의례를 위한 달력을 제정했지만, 숲 속에 사는 이교도의 신들을 완전히 몰아낼 수는 없었다. 농민들은 사랑이나 민간요법을 위해 마법에 의지했고, 때로는 환자를 치료하기 위해 주문을 외우기도 했다.

러시아 농노제의 황금기인 18세기 말에도 수많은 농노들의 삶은 예술가들이 묘사하는 목가적인 풍경과는 거리가 멀었다. 설상가상으로 1800년대부터 지주계급은 갈수록 늘어나는 경제적 압력에 떠밀려 농노들을 더욱 착취하기 시작했다.

빈부의 격차는 그 어느 때보다 깊고 넓게 벌어졌다. 한때 부유했던 일부 귀족들이 파멸을 맞이했다. 산업화와 시장경제의 태동이 어느 정도 원인으로 작용했다. 또한 몇몇 지역은 장기간 흉작과 기근에 시달렸다. 그러나 오랫동안 분수에 넘친 생활을 해온 많은 지주들이 이제 수 세대에 걸친 재정적 무능의 대가를 지불하게 되었다.

일부 지주들은 농노와 토지를 팔거나 저당을 잡혔고, 그들의 재산을 넘겨

타고난 연기자로 알려진 농노 배우 미하일 시체프킨이 이 초상화에서 동료 배우와 형식적인 포즈를 취하고 있다.

받은 새 소유주들은 토지와 농노로부터 가능한 한 많은 이익을 뽑아내기 위해 혈안이 되었다. 1820년에는 귀족계층이 소유한 농노 중 20%가 국가 신용기관인 귀족토지은행(Nobles' Land Bank)에 저당잡혀 있었지만, 1859년에는 그 비율이 66%로 높아졌다.

농노들 스스로가 과거의 숙명론을 버리기 시작했다. 그들은 더이상 수동적인 태도로 사회적 억압을 신과 차르의 뜻으로 받아들이지 않았다. 1820년대까지 몇 번의 소요와 국지적인 폭동이 발생했다. 규모는 작았지만 그 여파는 상트페테르부르크까지 전달되어, 금박을 입힌 의자에 앉아 졸고 있는 정부를 불안에 떨게 만들었다. 1826년에서 1829년까지 분노한 농노들이 일으킨 소요는 85회였지만, 1845년에서 1849년 사이 그 수는 207회로 급증했다.

처음에 농민들은 지식인 계층에서 동맹자를 발견했다. 서구 지향적인 지식인들은 농노제 자체를 의심하기 시작했다. 농노제는 도덕적으로 결함이 있고, 경제적으로 후진적일 뿐 아니라, 러시아란 국가를 야만적인 사회로 보이게 만들었다. 농노들의 굽은 어깨를 빌려 안락한 생활을 영위했던 지주계급의 신사들조차도 그들 자신이 다른 인간에 대해 그런 권력을 휘두를 자격이 있는지 의심하기 시작했다.

1856년에는 차르 본인도 농노제의 낡은 질서는 소멸되는 것이 마땅하다고 인정했다. 모스크바 지역의 지주계층에게 행한 연설에서 그는 다음과 같이 선언했다. "살아 있는 사람을 지배하는 현재와 같은 질서는 변화하지 않고는 존속할 수 없음을 여러분 자신이 알아야 한다. 농노제가 아래로부터 폐지되는 날을 기다리기보다는 위로부터 폐지하는 것이 현명할 것이다."

그후 5년에 걸쳐 논쟁, 협상, 내분, 수리적 토론, 못마땅한 타협을 거친 후에야 알렉산드르 2세는 목표했던 바를 성취할 수 있었다. 1861년 3월 3일, 마침내 차르는 농노해방령을 선포했다.

도시에서는 지식인들이 모여 만족감을 표명했다. 어느 세련된 응접실에서 신앙심이 깊은 한 부인은 자신의 일기에 다음과 같이 감사의 마음을 표현했다. "귀족들의 양심을 짓누르던 수백 년에 걸친 죄악이 마침내 사면되었고, 신 앞에서 주어진 우리의 두려운 책임이 제거되었다."

아마도 같은 날이었을 것이다. 시체프킨의 옛 주인이 소유하고 있던 볼켄슈타인 영지에서는 한 노인 주위로 농노들이 몰려들었다. 그는 분명 젊었을 때 늙은 백작부인의 개인 극장에서 연극을 했던 농노 장인 중 한 명이었을 것이다. 그는 아마 위대한 배우 시체프킨을 잘 아는 사람이었을 것이다. 그리고 주변에 모여든 다른 농부와 하녀들과는 달리 글을 읽을 줄 아는 사람이었을 것이다. 그래서 그 일을 맡게 되었을 것이다. 그는 격한 감정을 애써 누르며 떨리는 목소리로 주변 사람들에게 차르의 칙령을 읽어주었다. 그들은 이제 더이상 농노가 아니었다. 낡은 질서는 물러갔다.

1861년 알렉산드르 2세(원 안)의 농노해방령으로 농노들은 지방 자치회인 젬스트보에 전 주인들과 나란히 참석할 수 있게 되었지만, 농노제가 폐지된 후에도 그들의 삶은 거의 달라지지 않았다. 오른쪽의 〈저녁식사 중인 젬스트보〉란 그림에서, 귀족이 집 안 어딘가에서 만찬을 즐기고 있는 동안 농민들이 거리에서 빵과 양파를 먹고 있다.

토지에 매인 사람들

부드러운 봄 햇살이 비추는 전형적인 러시아 농촌을 보여주는 1840년의 한 그림(오른쪽)에서 마을 사람들이 성령 강림 대축일을 축하하고 있다. 농촌 인구의 80% 이상을 차지하던 러시아 농민은 종종 그림에서와 같이 둥근 지붕의 교회를 중심으로 강을 따라 단 하나의 비포장 도로 양쪽으로 형성된 소박한 마을에 모여 살았다.

1861년 알렉산드르 2세가 농노제를 폐지하기 전까지 개인의 소유물이었던 농민들은 크게 두 유형으로 나뉘었다. 주인에 예속된 농노와 토지에 예속된 농노가 그것이었다. 주인에 예속된 농노와는 달리 토지에 매인 농노들은 매매의 대상이 될 수 없었다. 그들은 매년 같은 들판에서 일했기 때문에 영주 앞에서 "우리는 당신 것이지만 땅은 우리 것이오"라고 말할 수 있었다.

농사 주기가 생활의 리듬을 결정해서 따뜻한 몇 개월 동안은 농사에 전념했고, 길고 추운 겨울에는 베를 짜거나 목공예품을 만들어 필요한 돈을 마련했다. 종교행사가 자주 열려 단조로운 삶에 활력소이자 넉넉한 시골 인심을 표출하는 기회가 되었다. "집은 실내 때문에 아름다워지는 것이 아니라 파이 때문에 아름다워진다"는 말이 있었다.

|가정 생활

　왼쪽 그림은 전형적인 농촌가옥에서 턱수염을 기른 농부와 그의 부지런한 아내가 닭과 고양이와 함께 생활하는 모습을 보여주고 있다. 남자는 난로 근처에 앉아 몸을 녹이고 있다. 그는 대부분의 농촌 가옥에 3면의 벽을 따라 설치된 나무 벤치에 앉아 있는데, 밤에는 여기에 모피 담요를 깔고 침대로 사용했다. 발에는 참피나무 속껍질을 엮어 만든 인피(靭皮) 신발을 신었고, 발목과 종아리에는 보온을 위해 긴 천을 둘렀다. 인피 신발은 쉽게 만들 수 있을 뿐 아니라, 발에 편하고 습기에 강하다는 장점이 있었다.

　아내는 물레 앞에 앉아, 그녀가 직접 재배한 다음 정성스럽게 소모(梳毛) 가공을 한 아마에서 실을 뽑고 있다. 그녀는 이 실로 아마포를 짤 것이다. 그리고 그 천을 푸르게 염색한 다음, 남편이 입을 헐렁헐렁한 바지나 저고리 또는 그녀 자신이 입을 사라판이라 불리는 소매 없는 겉옷을 만들 것이다. 흰색 아마포는 앞치마나 슈미즈의 재료가 되었다. 물레는 여성의 가사노동과 아주 밀접해서 러시아 여성의 상징이 되었고, 때로는 의식용으로 제작된 물레가 갓 태어난 여아의 탯줄을 자르는 데 사용되기도 했다.

이 물레는 앉는 좌석과 장식적인
상단 몸통으로 이루어져 있다.
빗같이 생긴 날이 소모 처리한
아마나 양모를 고정시키는 부분이다.
러시아 여성들은 발로 밟거나 손으로
돌리는 물레보다 이 형태의 물레를
더 좋아했다. 이웃집에 들고 가
함께 실을 자을 수 있었기 때문이다.

| 기복 신앙

콘스탄틴 사비츠키가 1878년에 그린 명화 〈성화를 민중에게 보여주다〉(왼쪽)에 서, 기적을 행하는 성화상이 도착했다는 소식에 온 마을 사람들이 성모 마리아와 아기 예수의 그림을 보기 위해 초라한 장소로 모여들고 있다. 고위 성직자가 마차 에 앉아 있고 검은 옷을 입은 두 명의 사제가 그를 돕고 있는 가운데, 마을 사람들 이 가장 좋은 옷을 차려입고 달려와 무릎을 꿇고 있다.

러시아 농민의 생활에서 신앙은 매우 중요한 역할을 했다. 아무리 초라해도 어떤 가정이든 "아름다운 자리"를 마련해 가정의 성화를 모셨다. 낯선 방문객이 찾아와 농부의 거친 식탁에서 빵을 뗄 때는 식사를 시작하고 끝낼 때마다 그 집 주인들이 "성호를 긋고 기도문을 중얼거리며" 성화에 공손히 절하는 것을 볼 수 있었다.

대부분의 농부는 문맹이었지만, 가정과 교회에 걸린 성화에는 그들이 이해할 수 있는 시각적 '텍스트'가 있었다. 그리고 능력 있는 부모들은 아이들에게 가정에서 소유하고 있는 단 한 권의 책인 성서를 읽는 법을 가르쳤다.

복원된 농촌 가정에서 "아름다운 자리"에 놓인 물건들이 소박한 우아함을 발산하고 있다. 천이 드리워진 성화, 창문을 가린 자수 천들, 코브슈라 불리는 새 모양의 전통 식기가 눈에 띈다.

| 축제의 즐거움

러시아 농민들은 축제를 사랑했고, 교회 달력을 가득 채운 종교적 축일들은 농민들에게 많은 축제의 기회를 제공했다. 왼쪽의 그림에도 그런 축제행사가 묘사되어 있다. 지방 악사들이 연주하고 가장 좋은 옷을 차려입은 손님들이 즐겁게 지켜보는 가운데 젊은 남녀가 자유분방하게 춤을 추고 있다.

축일은 노동으로부터의 휴식을 제공하는 동시에, 많은 손님을 초대해 마음껏 먹고 마실 수 있는 성대한 파티의 구실을 제공하기도 했다. 러시아 태생의 한 작가는 어린 시절의 축제를 회상하며 이렇게 썼다. "친척들 외에 친구들, 순례자, 이웃들, 그리고 '주님이 보낸' 걸인도 있었다."

"화덕에 있는 것을 남김없이 대접하라"는 속담도 있었지만, 대부분의 주인들은 아무리 가난해도 관대함의 미덕을 잃지 않았다. 사실 환대를 의미하는 러시아 말 '클레보솔스트보(khlebosolstvo)'는 가장 소박한 음식인 빵과 소금을 의미하는 클레브(khleb)와 솔(sol)에서 유래했다.

귀족들은 아래의 자기 주전자에 보리, 꿀, 소금으로 만든 유명한 발효 음료인 크바스를 담아 마셨다. 가운데 뚫린 구멍에 얼음을 넣어 음료를 차갑게 유지했다.

3 :: "더이상 이렇게 살 순 없다"

니콜라이 2세와 그의 신부 알렉산
드라가 1894년 결혼 직후 차르스
코예 셸로의 정원에서 포즈를 취
했다. 준비 없이 차르가 된 그에게
러시아 왕위가 계승되었을 때 그
는 26세였고, 독일 태생의 황후는
22세였다. 알렉산드라는 친구에게
이렇게 털어놓았다. "나는 하루종
일 눈물을 흘리며 근심했다. 남편
이 너무 젊고 경험이 부족하다고
느껴졌기 때문이다."

 역사에 해방황제로 기록된 알렉산드르 2세는 농노를 해방시키고 국내 개혁을 강력히 추진한 인물이었다. 그러나 19세기 말 러시아의 결연한 혁명가들에게 이 황제는 새로운 질서를 도입하기 위해서는 반드시 사라져야 하는 반동의 상징이었다.

그중에서도 가장 급진적인 단체는 1879년 상트페테르부르크에서 결성된 '인민의 의지' 당이었다. 그들은 차르 암살을 6번 시도하고 6번 실패했다. 오데사, 모스크바, 카르코프, 상트페테르부르크에서 실패한 후 그들은 1881년 초에 다시 암살을 계획했다.

3월 13일 아침 알렉산드르는 그의 카자흐 족 기병 근위대의 호위를 받으며 상트페테르부르크의 거리를 지나가고 있었다. 차르는 유개 마차를 타고 있었기 때문에, 앞쪽에서 손수건을 흔드는 젊은 여자를 보지 못했을 것이다. 그러나 미리 약속된 신호에 맞춰 그 여자의 한 동지가 앞으로 걸어나와 황실 마차에 폭탄을 던졌다. 폭발과 함께 몇 마리의 말과 근위대 몇 명이 쓰러졌지만, 육중한 마차의 내부는 피해를 입지 않았다.

63세의 차르는 멀쩡했다. 그러나 바로 그때 차르는 치명적인 실수를 하고 말았다. 부상자를 돕기 위해 마차 밖으로 나온 것이었다. 1.8m도 안 되는 거리에서 기회를 노리던 다른 남자가 알렉산드르에게 곧바로 또 다른 폭탄을 던졌다. 차르의 발밑에서 터진 폭탄은 그의 두 다리를 빼앗고 온몸과 얼굴에 치명상을 입혔다.

한 보좌관이 허리를 굽혀 그의 몸에 망토를 덮을 때 차르는 이렇게 속삭였다. "춥다. 아주 춥다. 나를 궁전으로 데려가… 죽게 하라."

'인민의 의지' 당은 결국 성공했다. 9일 후 당 지도자들은 알렉산드르의 아들이자 후계자에게 편지를 보냈다. 그는 이미 알렉산드르 3세로 선포되어 있었다. 그들은 그의 애도를 방해한 것을 사과한 후, 황제에게 두 가지 길이 열려 있음을 알렸다. 하나는 압제와 그에 따른 불가피한 혁명이고, 다른 하나는 "최고의 권위자 편에서 자발적으로 민중을 향해 방향을 트는 것"이었다. 편지는 이렇게 끝을 맺었다. "이제 폐하께서 결정하실 때입니다."

폐하는 조금도 망설이지 않았다. 그는 카자흐 족의 채찍인 나가이카(nagai-ka)를―그리고 결국 혁명을―선택했다. 알렉산드르 3세의 시대는 반동과 억압의 시대였다. 그가 49세의 나이에 신장병으로 사망하자 그의 아들 니콜라이 2세가 왕위를 계승했다. 니콜라이의 불안한 통치는 1917년까지 계속되었고, 그후 역사는 그를 러시아의 마지막 차르로 기록했다.

전 러시아의 통치자가 결혼을 하지 않는다는 것은 생각조차 할 수 없는 일이었다. 부왕이 세상을 떠나고 일주일 후인 1894년 11월 26일, 니콜라이 알렉산드로비치 로마노프는 유럽 최고 왕가들의 혈통을 이어받은 아름다운 아가씨를 아내이자 황후로 맞아들였다. 그녀는 독일 대공의 딸이자 영국 빅토리아 여왕의 손녀인 22세의 알릭스 폰 헤세 공주였다. 그녀보다 더 적당한 배우자를 찾기란 불가능했다. 그러나 미신을 깊이 신봉했던 러시아 인들에게 알렉산드라(그들은 이렇게 불렀다)는 러시아에 잘못 날아들어온 "불길한 징조의 새"였다.

황제의 신붓감이 맨 처음 대중 앞에 선 것은 알렉산드르 3세의 장
례식에서였다. 그녀는 다른 황실 가족과 떨어져서 두꺼운 휘
장이 쳐진 마차를 타고 혼자 나타났다. 도로변의 늙은 여
자들은 성호를 그으며 "저 여자는 관을 앞세우고 우리
에게 왔다"라고 수군거렸다. 알렉산드라 본인도 당시의
상황으로부터 중압감을 느끼지 않을 수 없었다. 결혼
식은 개인적인 행사로 축소되었고, 전국적인 애도의
분위기 속에서 피로연도, 신혼여행도 갖지 못했다. 알렉
산드라는 자매에게 보내는 편지에 이렇게 썼다. "단지 고인을
위한 미사의 연속으로 여겨졌다. 다른 점이 있다면 검은 옷 대
신 흰 옷을 입은 것뿐이었다."

그러나 새 남편에게서 느끼는 기쁨은 그 모든 슬픔
보다 컸다. 두 사람은 몇 년 전부터 사랑에 빠져
있었으며, 그들의 강한 부부애는 죽을 때까지
계속되었다. 결혼 첫날밤 그녀는 남편의 일
기에 이렇게 썼다. "마침내 결합하여 이제
평생 함께하게 되었습니다. 그리고 이 삶이
끝났을 때 우리는 다른 세계에서 다시 만나
영원히 함께할 것입니다. 당신의 사랑." 다음

은과 다이아몬드로 만들어진 성 안드레아 훈장이 대관식
도중 니콜라이의 어깨에서 떨어졌다. 무게가 4kg이나 나
가는 왕관(위) 역시 문제를 일으켰다. 차르의 이마에 난 상
처를 짓눌러 두통을 일으킨 것이었다.

날 아침 그녀는 다시 펜을 들었다. "이 세상에 이렇게 완전한 행복이, 두 인간 사이에 이렇게 완전한 결합의 감정이 생길 수 있다는 것을 결코 믿어본 적이 없습니다. 당신을 사랑합니다. 이 말 속에 내 삶이 담겨 있습니다."

니콜라이도 그녀의 사랑에 보답했다. 그러나 그의 새로운 삶에서 그녀만이 유일한 기쁨이었다. 그보다 더 군주답지 않은 군주를 상상하기란 불가능했다. 니콜라이 2세는 차르처럼 보이지도 않았고, 차르처럼 행동하지도 않았으며, 차르의 자리를 좋아하지도 않았다. 그는 부왕의 죽음에 슬피 울었다. "어떻게 해야 한단 말인가. 나는 차르가 될 준비가 되지 않았다. 차르가 되기를 원하지도 않았다. 나는 통치에 대해 아무것도 모른다. 심지어 각료들에게 어떻게 말해야 하는지도 전혀 모른다."

선왕은 키가 컸고 러시아 곰처럼 건장하고 당당했다. 그러나 아들은 작고 가냘프고 사랑받기를 좋아했으며, 무도회에서 마음에 드는 왕녀와 춤을 추기 위해 차례를 기다릴 정도로 숫기가 없었다. 한 재치 있는 친구는 "폐하께서는 겸손이 지나치시다"라고 평했다.

그러나 다른 사람들은 가혹했다. 어떤 사람은 항상 마지막으로 대화를 나눈 사람의 말을 따르는 니콜라이의 우유부단함을 "의지의 마비"로 표현했다. 그러나 그것은 사실이 아니었다. 니콜라이는 매우 지적이고 신념이 확고한 사람이었다. 그러나 싫다고 말하기를 아주 싫어해서 종종 침묵을 지켰는데, 청원자는 이것을 동의로 받아들였고, 기대한 결과가 나오지 않으면 니콜라이를 줏대가 없는 사람이나 말을 바꾸는 사람으로 간주했다.

이런 불행을 더욱 가중시킨 것은 목소리가 크고 난폭한 네 명의 삼촌과, 무대 위에 계속 남기로 굳게 결심한 47세의 미망인이자 그의 어머니인 황태후 마리야였다. 니콜라이는 그들 모두의 비위를 맞추기 위해 노력했고, 어려운 질문에 대해 "어머니께 여쭤보겠다"고 대답한 적이 최소한 두 번 이상이었다.

가정의 행복과 제국의 불행 속에 1년이 흘렀다. 니콜라이는 일기에 "하느

흰담비 망토를 걸친 눈부신 모습으로 러시아의 차르 니콜라이 2세가 1896년 5월 대관식을 거행한 후 크렘린의 대로를 행진하고 있다. 러시아 군대의 고위 장성들이 운반하는 화려한 천개(天蓋)가 그를 보호하고 있다.

님은 이 돌이킬 수 없는 불행과 함께 그에 대한 보상으로 알릭스를 나에게 보내 상상할 수 없는 큰 행복을 내려주셨다"라고 적었다. 11월에 네 자녀 중 첫째 딸인 올가가 태어나자 상트페테르부르크의 하늘에 101발의 축포가 터졌다. 아들이었다면 300발의 축포가 터졌을 것이다. 알렉산드라는 열정적인 모성애로 아기를 직접 먹이고 씻기고 보살폈고, 니콜라이는 국정의 의무를 마치기가 무섭게 서둘러 가족에게로 돌아왔다.

마침내 알렉산드르 3세를 위한 애도기간이 끝나자 러시아 황실은 1896년 5월 26일 새 차르의 대관식을 거행했다. 촛불을 밝힌 모스크바의 우스펜스키 성당에서 대관식은 5시간 동안 진행되었다. 먼저 미사가 거행된 다음 기도식이 시작되었다. 니콜라이는 "전 러시아의 황제이자 전제군주"로서 통치할 것을 맹세했고, 그런 다음 교회의 성찬을 받았다.

바로 그때 불길한 일이 일어났다.

니콜라이가 성찬대의 계단 위에 서 있을 때, 그의 어깨에 걸려 있던 사슬 형태의 무거운 성 안드레아 훈장이 미끄러져 달가닥 소리와 함께 바닥에 떨어졌다(1등 훈장은 대수(大綬)를 오른쪽 어깨에서 왼쪽 겨드랑이 밑으로 걸쳐 정장(正章)을 달아매고 부장(副章)은 왼쪽 가슴에 단다―옮긴이). 곁에 있던 수행원이 재빨리 훈장을 다시 어깨에 붙여서 주위에 있던 사람들만 그 사실을 알 수 있었다. 그들은 이 사건을 비밀에 부칠 것이며 절대 누설하지 않기로 맹세해야 했지만, 그 자리에 있던 사람은 누구나 이 불길한 징조가 새 군주에게 무엇을 의미할지 궁금했을 것이 분명했다.

대관식은 계속되었다. 니콜라이는 1762년 예카테리나 대제를 위해 만들어진 왕관을 집어들었다. 그는 왕관을 조심스럽게 자신의 머리 위에 올려놓았고, 왕관을 벗어 알렉산드라의 머리 위에 잠시 올려놓은 다음 다시 자신의 머리 위에 올려놓았다.

니콜라이에게 대관식은 신과 차르와 정교회의 국민을 하나로 묶는 심오한 종교적 의식이었다. 대관식 후에도 그의 성격은 변하지 않았다. 그는 여전히 우유부단하고 소심하고 대체로 무능했으며, 여전히 통치하기를 싫어했다. 그러나 선천적으로 신앙심이 깊은 이 젊은이는 이제 그가 신 앞에서 러시아를 지배해야 할 책임을 부여받았으며, 오직 신만이 그 책임을 면할 수 있다고 믿게 되었다.

다음날 황제와 황후는 전통에 따라 국민을 위한 대규모 야외 축제를 열었다. 이곳에 오면 누구나 음식과 맥주를 받고 기념품으로 작은 선물을 받을 수 있었는데, 남자는 머리가 둘 달린 로마노프 독수리가 새겨진 도자기 컵을 받았고, 여자는 같은 무늬가 새겨진 손수건을 받았다.

축제 장소는 군사 훈련장으로 사용되는 도시 외곽의 코딘카 들판이었다. 이른 아침에 벌써 50만 명 이상의 군중이 모였다. 그들은 하나같이 먼발치에서나마 새 차르와 황후의 모습을 보고 오전 10시에 배급되는 음식과 기념품을 받을 희망에 차 있었다. 그때 갑자기 고약한 헛소문이 역병처럼 번졌다. 맥주가 충분하지 않아 먼저 오는 사람에게만 줄 수 있다는 것이었다. 군중들은 앞으로 몰려들었고, 뒤로 처진 사람들은 앞 사람을 손과 어깨로 밀고 발로 찼다. 한 줄로 도열해 있던 카자흐 기병대가 앞길을 가로막았으나, 흥분한 군중이 파도처럼 쓸어버리자 말과 함께 말 그대로 허공으로 흩어져버렸다. 남녀노소 할 것 없이 수백 명이 쓰러졌고 그 위에 다시 수천 명이 쓰러졌다. 카자흐 지원병이 신속히 당도했다. 그러나 군중이 통제되었을 때에는 이미 최소 1,300명이 압사하고 1만 명 이상이 부상을 입은 상태였다.

니콜라이와 알렉산드라는 공포와 슬픔에 휩싸였다. 젊은 차르는 즉시 현장으로 뛰쳐나가고 싶은 충동을 느꼈지만 어머니와 삼촌들이 그를 말렸다. 그들은 비극에 연루되지 말고, 대신 백성들의 가슴에 영원히 남을 군주의 모습을 보여야 한다고 니콜라이를 설득했다.

그날 저녁에는 프랑스 대사가 훌륭한 무도회를 준비했다. 니콜라이와 알렉

산드라는 가고 싶지 않았지만, 삼촌들과 대신들은―프랑스 인의 기분을 상하게 하는 것이 두려워―반드시 참석해야 한다고 주장했다. 그와 알렉산드라는 우울한 심정으로 그들의 충고를 따랐고, 그후 여러 날 동안 모스크바 전역의 병원을 돌며 다친 사람들을 위로했다. 그러나 수많은 국민들의 기억 속에는 새로 취임한 차르와 그의 '독일 여자'가 매정하게도 수많은 백성이 죽은 그날 밤 무도회에 가서 춤을 추었다는 사실만이 남게 되었다. 얼마 후에는 차르가 러시아 최초의 산업박람회를 개막하기 위해 니즈니 노브고로트를 방문했을 때, 전에 없이 맹렬한 우박과 폭풍우가 몰아쳐 행사를 망쳐놓고 말았다. 불길한 징조가 꼬리에 꼬리를 물었다.

차르가 새로 취임하면서 온갖 종류의 탄원이 쏟아졌다. 니콜라이와 조언자들의 관심을 가장 강하게 끈 것은 젬스트보였다. 지방에서 자체적으로 구성

사로프의 성 세라핌 성화를 든 니콜라이가 일본과의 전쟁에 출정하는 군인들을 축복하고 있다. 니콜라이는 전쟁에 대해 이렇게 적었다. "모든 일에 신의 뜻이 이루어지기를! 그러나 우리 가엾은 인간은 천주의 자비를 빌어야 한다."

러시아 도깨비가 작은 일본 군인을 막 집어삼키려 하는 만화가 1904년 러일전쟁이 시작될 당시 전쟁에 대한 러시아 인들의 기대를 보여주고 있다. 러시아 군대는 300만 명에 달했고, 일본군은 단 60만 명이었다.

하는 지방의회 젬스트보는 알렉산드르 2세에 의해 만들어졌지만, 그의 아들 알렉산드르 3세에 의해 약화되고 말았다. 젬스트보는 비록 귀족들의 손에 좌우되긴 했지만, 그럼에도 의사, 수의사, 교사, 경종학자 등 지방의 모든 교육받은 남자들이 정치과정에 참여할 수 있는 제도였다. 그들은 무엇보다 중앙 의회의 설립을 희망했다.

1895년 1월 17일, 젬스트보 대표단이 젊은 황제를 접견하기 위해 모인 자리에서 그들의 요구에 대한 응답이 발표되었다. "최근 몇몇 지방의회에서 젬스트보 대표들의 국정참여를 주장하는 몰상식한 사람들의 목소리가 들리고 있다." 그리고 그는 목소리를 높이다가 거의 고함을 지르듯 발표를 마무리했다. "나는 전 국가의 이익을 위해 나의 모든 힘을 기울여 돌아가신 나의 위대한 부왕과 똑같이 확고하고 단호하게 전제정치의 원칙을 고수할 것임을 모두에게 알린다."

황제의 갑작스런 외침에 행운의 상징인 빵과 소금이 담긴 황금 접시를 들고 있던 한 늙은 의원이 깜짝 놀라 접시를 바닥에 떨어뜨렸다. 그러자 접시에 담긴 음식이 모두 쏟아졌다. 당황한 니콜라이가 접시를 주우려 했지만, 한 궁정 대신이 먼저 도착했다. 이 불행한 징조 앞에 모두가 고개를 절레절레 흔들었다.

젬스트보의 희망을 박살낸 선언은 이 차르가 모든 주권 문제에 있어 내심으로는 로마노프 가의 전제군주라는 사실을 분명히 보여주었다. 어렸을 때 니콜라이는 아버지를 우상처럼 숭배했다. 알렉산드르는 아들에게 사랑을 돌

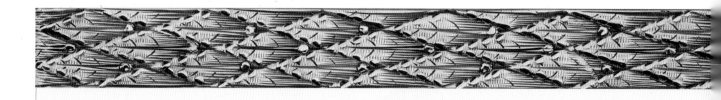

| 파베르제의 보석 |

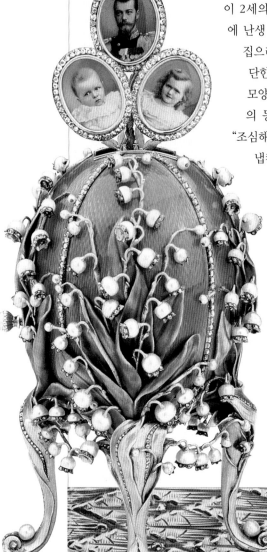

1907년 8월의 어느 오후, 올가 보라틴스키라는 이름의 젊은 남작부인은 러시아의 차르 니콜라이 2세의 궁전에서 열리는 오찬에 난생 처음 참석했다. 냅킨을 집으려는 순간 그녀는 그것이 안에 단단한 물건이 감춰진 것처럼 곱사등이 모양을 하고 있음을 알아차렸다. 그녀의 동료가 낮은 목소리로 속삭였다. "조심해. 안에 뭐가 들어 있는 것 같아." 냅킨을 펼친 올가는 그 안에 작은 파티 기념품이 들어 있는 것을 발견했다. 금색과 갈색의 법랑을 입힌 아름다운 시계였다.

그 시계는 보석 세공 명장 피터 칼 파베르제가 1870년과 1917년 사이에 러시아 귀족과 상류층 그리고 해외의 부유한 고객들을 위해 만든 수천 점의 작품 중 하나였다. 파베르제의 일류 기술자들은 보석, 귀한 금속, 정교한 법랑 기술을 이용해 보석류, 섬세한 꽃들을 표현한 부케, 생생한 새들과 동물들의 상을 만든 것 외에도 탁상용 액세서리, 시계, 선물 상자, 사진틀과 같은 다양한 실용품도 생산했다.

그러나 파베르제가 만든 최고의 걸작은 두 명의 마지막 차르가 아내의 부활절 선물로 주문한 57개의 달걀이었다. 최초의 달걀은 알렉산드르 3세가 아내인 마리야 표도로브나에게 선물하기 위해 1884년에 주문한 것이었다. 알렉산드르 사후 그의 아들 니콜라이도 그 전통을 계승해 두 개의 달걀을 주문하여 어머니와 아내인 알렉산드라에게 하나씩 선물했다.

마리야는 1916년 아들에게 다음과 같은 편지를 썼다. "진정 그리스도가 부활하셨도다! 너에게 세 번의 키스를 보내고 너의 사랑스러운 달걀에 진심으로 감사를 보낸다. 친애하는 파베르제가 직접 가져왔다. 정말 아름답구나!"

니콜라이는 분홍색 법랑을 입힌 다음 진주로 은방울꽃을 표현한 이 달걀을 1898년 부활절에 그의 어머니에게 주었다. 꼭지 부분에 차르와 첫째 딸과 둘째 딸의 초상화가 담겨 있다.

라벤더 색의 법랑, 금, 다이아몬드로 만든 시계 아래 코끼리의 머리를 표현한 브로치가 걸려 있다.

이 섬세한 법랑 케이스는 명함을 꽂아두는 용도로 사용되었다. 금테를 따라 진주가 박혀 있다.

중앙에 다이아몬드로 수술을 넣은 푸른색 수레국화와 황금의 봉오리들이 무색 투명한 수정 화병에 꽂혀 있다.

법랑과 황금으로 만들어진 함에 머리가 둘 달린 로마노프 독수리, 다이아몬드 왕관, 니콜라이를 의미하는 다이아몬드 키릴 문자 N이 장식되어 있다.

로즈 형(24면) 다이아몬드 눈을 가진 초록색 연옥 개구리가 황금으로 만든 파라솔 손잡이 위에 앉아 있다.

려주기보다는 그를 "계집애"와 "저능아"라고 불렀는데, 아마도 가냘픈 체격과 온순한 태도 때문이었을 것으로 짐작된다. 그럼에도 니콜라이는 마음속으로 부왕이 상징하는 모든 것을 믿으며 성장했고, 특히 차르는 지상에 구현된 신의 화신이라는 개념을 확고히 믿었다. 니콜라이의 재무대신이자 정부 내에 몇 안 되는 개화된 인물이었던 세르게이 비테 백작에 따르면, 이 젊은 군주는 "인간은 결과에 영향을 미치지 않고, 신이 모든 것을 조종하며, 신권을 부여받은 차르는 어느 누구의 충고도 받아들이지 말고 오직 자신의 신성한 영감을 따라야 한다"고 믿었다 한다.

소요가 들끓고 그에 대한 압제가 횡행하는 상황에서 그런 태도를 취한다면, 아무리 천재적이고 카리스마가 넘치는 차르라 해도 십중팔구 성공적으로 통치하기가 불가능했을 것이다. 게다가 니콜라이는 천재성도, 카리스마도 없었다. 그리고 신의 영감에 대한 그의 믿음은 모두 그의 어머니와 삼촌들, 그리고 모든 자유주의 사상을 반역으로 간주하는 측근들에게서 나왔다.

알렉산드르 3세의 억압적인 반동정치는 니콜라이 정권에 고스란히 계승되었다. 언론은 엄격한 감시를 받았고, 젬스트보의 권한은 축소되었으며, 비(非)정교회 신자들과 소수민족, 특히 유대 인들이 박해를 받았다. 그 결과 차르와 그의 정권에 반대하는 성난 시위가 도시와 농촌에 들불처럼 일어났다. 1901년 1월 교육부 장관이 암살되었고, 2개월 후 내무장관이 그 뒤를 이었다. 니콜라이는 반동의 수위를 높여, 알렉산드르 2세의 암살범들을 사냥해 명성을 드높인 냉혹한 경찰 간부 비야체슬라프 플레베를 새 내무장관으로 임명했다. 그 역시 오래 살지 못하고 1904년 6월, 폭탄에 쓰러지고 말았다. 탄압과 복수의 지독한 악순환은 끝도 없이 계속되었다.

차르의 대외정책도 마찬가지로 끔찍했다. 1904년 2월 1일 극동지역에서 만주와 한국을 탐내던 러시아와 일본이 전쟁을 일으켰다. 전쟁은 러시아 사회의 전 계층으로부터 열렬한 애국심을 이끌어냈고, 한동안 지배자와 피지배자를 하나로 묶어주었다. 니콜라이 본인은 전선에 나가 "군대의 위험과 궁핍"을 함께 나누고 싶어했지만, 주위의 만류로 국내에 남아 군대를 시찰하고 출정하는 병사들에게 작은 성화를 나눠주었다. 알렉산드라는 겨울궁전의 거대한 객실을 작업실로 바꿔 상트페테르부르크의 귀부인들과 함께 부상자들에게 보낼 붕대, 장갑, 양말을 만들었다.

그러나 몇 번의 치욕스런 패배가 이어지자 대중의 지지는 수증기처럼 증발해버렸다. 미국 대통령 시어도어 루스벨트가 중재하는 강화만이 그나마 러시아의 명예를 지키는 방법이었다. 러시아는 강화조약에서 한국에 대한 일본의 야욕을 인정하고 만주를 중국에 반환하는 것에 동의했지만, 그럼에도 여전히 극동지역을 소유함으로써 태평양의 강대국으로 남을 수 있었다. 그러나 국내의 낡은 질서는 종말을 향해 치닫고 있었다.

오로지 좋은 것만 흘러나오는 사랑과 자비가 넘치는 작은 천주, '차르바튜슈카'의 이미지를 결정적으로 깨뜨리는 재난이 1905년에 시작되었다. 1월 22일 일요일 아침, 15만 명의 군중이 니콜라이에게 광범위한 개혁을 탄원하기 위해 겨울궁전을 향해 행진했다. 그들을 이끈 급진적인 성직자 게오르기 가폰 신부는 만약 '민중'이 직접 차르를 찾아가면 그도 어쩔 수 없이 신 앞에서 민중의 요구를 들어줄 것이라 주장했다. 그래서 그들은 가장 좋은 옷을 입고, 성화와 니콜라이의 사진을 들고 찬송가를 부르며 겨울궁전을 향해 행진했다.

궁전 앞 광장에 이르자 군대가 그들을 가로막았다. 군중의 규모에 놀란 군인들이 허공을 향해 두 번의 위협사격을 가했고, 그런 다음 행진하는 군중을 향해 총을 쏘기 시작했다. '피의 일요일'이라 불리는 그날 약 100명의 민간인이 살해되었고 수백 명이 부상을 당했다. 국민들의 분위기는 불신에서 곧 분노로 바뀌었다. 한 목격자는 이렇게 회고했다. "나는 말 그대로 모든 개개

인의 얼굴에서 증오와 복수의 표정을 보았다. 혁명이 정말로 시작된 것이었다."

1905년 혁명은 이미 시작되고 있었다. 겨울 내내 계속된 동맹파업이 러시아 전역의 공장들을 마비시켰다. 모스크바 대학에서는 3,000명의 학생들이 차르의 초상화를 태우고 붉은 깃발을 엮어 대학건물들을 장식했다. 학생들의 소요는 걷잡을 수 없이 확산되어 곧 정부에서 거의 모든 고등교육 기관을 폐쇄하는 지경에 이르렀다. 전국에서 지식인들은 분노의 목소리로 개혁을 요구했다. 젬스트보 의원들은 자유롭게 선출된 의회를 통해 대의정치를 실현하자는 운동을 새롭게 전개했다. 의사, 변호사, 교사, 기술자 등의 전문가 집단들은 전국 단위의 조직을 결성하고 이를 하나로 묶어 조합들의 조합을 탄생시켰다. 여기에 여성 평등 조합과 사무원 노조, 부기 계원 노조, 철도 노조가 가세했다. 언론에서는 그들의 모든 주장을 대대적으로 보도했으며, 한 주요 신문이 "더이상 이렇게 살 순 없다"고 선언하자, 이 통렬한 문구는 곧 전국을 휩쓸었다.

1905년 1월 22일 '피의 일요일'에 겨울궁전 광장 앞에서 군대가 민간인을 향해 발포하고 있다. 군중은 차르에게 최저 임금과 8시간 노동제를 청원하기 위해 행진했다.

반란의 물결은 농촌으로 퍼져나갔다. 농민들이 지주에 맞서 파업을 벌였다. 그들은 귀족들의 나무를 베고 그들의 풀을 베었으며, 그들의 가축을 훔치고 그들의 농기구를 전용했다. 초여름에는 성난 농민들이 영주의 저택을 침입하고 약탈하고 불태웠다. 화염이 밤하늘을 밝히는 동안 농민들은 그림, 조상, 고가구, 동양산 융단, 수정, 도자기, 비단, 공단을 약탈해 마차에 실었다. 모두 합쳐 3,000가구에 이르는 저택이 파괴되었다.

정부는 군대를 보내 봉기를 진압했는데, 1월부터 10월까지 그 횟수는 2,700회에 달했다. 그러나 군인들도 농민 출신이었기 때문에 농민들의 사정에 깊이 공감했고, 그 결과 부대 전체가 명령을 거부하고 반란을 일으키기도 했다.

니콜라이는 여전히 상황의 심각성을 감지하지 못했다. 차르는 측근들의 말에 피의 일요일은 "외국 혁명가들"의 소행이라고 쉽게 믿어버렸다. 그래서 9월파업이 전국을 휩쓰는 동안 니콜라이는 사냥을 하면서 대부분의 시간을 보냈다. 한 조신은 이렇게 말했다. "차르는 그가 여전히 강력하고 전능하다고 믿으면서 완전한 바보의 낙원에서 살고 있다." 10월 9일 총리로 재직하던 세르게이 비테는 니콜라이에게 두 가지 중 하나를 선택하라고 퉁명스럽게 말했다. 군사독재 체제를 수립하든지, 아니면 (비테 본인의 바람대로) 국민에게 자유 인권을 부여하고 민주적 절차로 선출된 두마 국회를 승인해 대의정치를 확립하라는 것이었다.

당연히 니콜라이는 독재를 선택했고, 그의 삼촌 니콜라이 대공에게 독재자의 역할을 맡겼다. 그러나 이 노인은 현실을 간파하고 있었다. 그는 고래고래 소리를 지르며 권총을 꺼내 자신의 머리에 대고는, 차르가 비테의 계획을 승인하지 않으면 그 자리에서 방아쇠를 당기겠다고 협박했다. 조카는 마지못해 패배를 인정했다.

10월 30일, 마침내 10월 선언이 발표되자 상트페테르부르크는 환호에 휩

| 마지막 황제의 가족 사진 |

드넓은 제국에 긴장이 더해갈수록 황실가족은 동화 같은 차르스코예 셀로의 울타리 안에서 더 많은 시간을 보냈다. 아름다운 시골에 자리잡은 차르스코예 셀로에서 올가, 타티아나, 마리, 아나스타샤, 그리고 어린 남동생 알렉세이는 하인들과 보모들의 보호를 받으며 마음껏 뛰어놀았다. 1904년에 찍은 오른쪽 사진에서 볼 수 있듯 아이들은 모두 열 살 터울 안에 있었기 때문에 서로에게 좋은 친구가 되었고, 제각기 성격은 달랐지만 조화를 이루며 즐겁게 살았다. 올가는 상냥하고 지적이었고, 타티아나는 고상하고 단정했으며, 마리는 쾌활한 성격이었고, 꼬마 도깨비라는 별명을 가진 아나스타샤는 장난스럽고 재치 있었다.

가족은 또한 봄과 가을에 크림에서 휴가를 보냈고, 여름에는 발트 해안이나 황실 요트 스탄다르트 호 위에서 휴가를 즐겼다. 이 안락한 시간에 니콜라이와 알산드라는 아이들의 명랑함에 푹 빠졌고, 때로는 아이들과 함께 놀이도 했다. 차르는 아이들이 어느 정도 자라자 작은 상자형 사진기를 한 대씩 주었고, 그때부터 아이들은 부모와 함께 사진을 찍어 스크랩북과 앨범에 붙이기 시작했다. 다음 두 쪽에 소개하는 사진들은 사랑이 가득한 어느 가족의 모습을 보여주고 있지만, 그들의 단란한 삶은 불행한 종말을 눈앞에 두고 있었다.

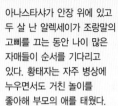

아나스타샤가 안장 위에 있고
두 살 난 알렉세이가 조랑말의
고삐를 끄는 동안 나이 많은
자매들이 순서를 기다리고
있다. 황태자는 자주 병상에
누우면서도 거친 놀이를
좋아해 부모의 애를 태웠다.

1908년 핀란드 해안에서
타티아나, 마리, 아나스타샤가
그네를 타며 즐겁게 놀고 있다.
장난꾸러기 아나스타샤가
이를 드러내고 웃고 있다.

진지한 아마추어 사진사였던 알렉산드라가 1910년
황실 요트 스탄다르트 호 위에서 카메라를 조작하고 있다.

1907년 스탄다르트 호 위에서 알렉세이가
장난감 드럼을 가지고 놀고 있다. 황실의 한
친구는 이렇게 말했다. "황금색 머릿결과
빛나는 파란 눈을 가진 얼마나 아름답고,
얼마나 건강하고, 얼마나 반듯한 아이였는지."

야생화를 따고 막 돌아온 아나스타샤,
타티아나, 마리, 올가가 1910년 발트 해의
해변에 모여 있다. 아나스타샤의 손에
화관과 카메라가 들려 있다.

1911년 흑해의 항해 도중 16세의 올가(앞줄)와 12세의
마리, 그리고 황실 여관(女官)이 스탄다르트 호의
승무원들과 어울려 즐거운 시간을 보내고 있다.

차르스코예 셀로에서 아나스타샤가 어머니의
내실에서 뜨개질을 연습하고 있다.
네 자매는 바느질, 그림, 피아노에 뛰어났다.

올가와 타티아나—큰언니들—가
프랑스 어 개인교사와 함께
크림의 리바디아 궁전 밖에서
휴식을 취하고 있다(왼쪽).
가족은 러시아 어는 물론이고
프랑스 어, 영어, 독일어에 능통했다.

1916년 드네프르 강변에서
삽을 든 니콜라이가 모래에 반쯤 묻힌
알렉세이 위에서 정복자의 포즈를
취하고 있다. 차르는 아이들과 놀고
장난치기를 좋아했다.

싸였다. 피의 일요일에 목숨을 바친 순교자들이 결국 승리를 얻었다. 수많은 군중이 '의회의 자유'라고 써진 붉은 깃발을 들고 겨울궁전 앞에 모여들었다. 모스크바에서는 5만 명의 사람들이 춤을 추면서 프랑스 혁명가인 라 마르세예즈를 소리 높여 불렀다.

그 사이 니콜라이와 알렉산드라는 상상을 초월하는 개인적인 재난과 씨름하고 있었다. 알렉산드라는 연거푸 네 딸을 낳은 후 1904년 8월, 마침내 학수고대하던 아들이자 후계자를 니콜라이에게 선사했다. 작은 대공 알렉세이 니콜라예비치는 더없이 아름다운 아기였다. 곱슬곱슬한 금발과 어머니처럼 회색 빛이 도는 푸르고 큰 눈, 그리고 통통하고 뽀얀 피부를 가진 아기였다. 부모는 하늘을 나는 듯이 기뻤다. 그러나 알렉세이가 6주 되었을 때 알렉산드라는 아기의 배꼽에서 피가 흐르는 것을 보았다. 결국 출혈은 멎었지만 의사들은 절망적인 진단을 내렸다. 알렉세이의 병은 치명적인 유전자 결함 때문에 혈액이 응고되지 않는 혈우병이었다. 게다가 이 소중한 아들에게 그렇게 고약한 저주를 내린 것은 다름아닌 알렉산드라 그녀였다.

치료에는 무용지물이었지만, 의학자들은 결함 있는 유전자가 모계를 통해 기본적으로 아들 쪽으로 전달된다는 사실을 알고 있었다. 발병 패턴, 즉 누가 혈우병의 보인자인지를 미리 알아낼 방법은 없었다. 알렉산드라의 경우는 할머니인 빅토리아 여왕으로부터 그 유전자를 물려받았다. 빅토리아 여왕에게는 아홉 자녀가 있었는데, 네 아들 중 한 명이 혈우병 환자였고, 알리체 공주와 베아트리체 공주가 혈우병 보인자였다. 알리체와 베아트리체의 딸들이 러시아와 스페인 왕실로 시집을 감으로써, 두 왕국에는 혈우병을 가진 후계자가 태어났다.

작은 알렉세이는 뛰어다니기를 좋아하는 활기찬 소년이었지만, 그것은 생명이 허락하는 한에서였다. 타박상을 입으면 피부 밑으로 출혈이 시작되어 때로는 포도알 크기의 혈종으로 부풀어오른 다음 그 혈압으로 응혈(혈액 응고)이 발생했다. 알렉세이가 한 번에 몇 주 동안 병상에 누워 "엄마, 도와줘요, 도와주세요!"라고 신음하면 알렉산드라는 자신의 입술이 아들의 고통을 덜어주기라도 하듯 아이의 머리카락과 이마와 눈에 입을 맞추었다. 한 친구는 다음과 같이 회고했다. "아들이 몇 시간씩 사경을 헤맬 때 그 모습을 지켜보는 그 어머니의 고통을 생각해보라. 더구나 그녀 자신이 그 병의 원인이었음을 알고 있을 때에는 얼마나 고통스럽겠는가."

알렉산드라는 알렉세이의 병이 그녀의 죄악 때문에 신이 내린 형벌이라고 생각했다. 그녀는 속죄를 위해 교회에 돈을 기부하고 자선사업에 뛰어들었으며, 몇 시간씩 기도에 전념하곤 했다. 병이 가라앉으면 그녀는 아이의 붉은 뺨을 보고 웃음소리를 들으며 "하느님이 내 기도를 들으셨다. 마침내 나의 슬픔을 불쌍히 여기셨어"라고 외쳤다. 그러나 다시 병이 도지면 그녀의 태양은 절망의 구름 속으로 자취를 감추어버렸다.

차르와 황후의 요구에 따라 알렉세이의 병은 일급 비밀에 부쳐졌다. 어느 누구도 미래의 황제가 죽음의 그림자 밑에서 살아가는 병약자라는 사실을 알아서는 안 되었다. 황실의 건강은 어떤 경우에도 대중적 토론의 주제가 되어서는 안 되었다. 그러나 니콜라이와 알렉산드라가 보안을 너무 철저하게 유지하려 한 탓에 오히려 아들에 대해, 그리고 실은 차르와 황후에 대해 갖가지 소문이 난무하게 되었다. 이런 소문은 1905년 11월 그리고리 라스푸틴이라는 초라한 농부가 출현한 이후로 더욱 무성해졌다.

그는 30대 중반의 나이에 최면을 행하고 신앙요법을 베푸는 전도자라는 명성을 가지고 시베리아에서 들어왔다. 러시아 정교회에서는 그런 농부 성인이 대중들에 대한 교회의 영향력을 회복시켜줄 것이라 기대하면서 그를 후원했다. 그들은 라스푸틴을 하느님으로부터 특별한 치유의 능력과 천리안을 부여받은 회개한 죄인으로 소개했다. 염소 같은 냄새에 염소같이 행동하는 이

이상한 사람은 침체된 분위기 속에서 흥밋
거리를 찾던 상트페테르부르크 사회에 즉
각적인 반향을 불러일으켰고, 즉시 차르와
황후의 관심을 끌었다.

"우리는 하느님의 사람인 그리고리를 알
아야 한다"고 니콜라이는 일기에 적었다.
알렉세이에게 기적이 일어나기를 기도하던
알렉산드라에게도 라스푸틴은 하늘이 내린
선물처럼 여겨졌다. 라스푸틴은 그녀의 아
들이 죽지 않을 것이고, 13세가 되면 병이
사라질 것이라고 예언했다. 그리고 그의
최면술을 이용해 아이를 진정시켰는데, 이
것이 지혈에 도움이 되는 것처럼 보였다.
신앙심이 깊은 니콜라이와 알렉산드라에
게, 모든 의사들이 실패한 일을 하느님의
사람이 성공하는 것보다 더 자연스러운 일
이 있었겠는가? 궁전 출입이 잦아지면서
라스푸틴은 재빨리 황실과 가까운 지위를
확보했다.

10월 선언의 결과로 차르는 두마의 입법
을 거부할 수 있는 권한과 두마 국회를 완
전히 해산할 수 있는 권한을 포함해 몇 가
지 핵심적인 권한을 보유하게 되었다. 그러
나 두마로서도 니콜라이와 그의 각료들에

도전하기로 마음을 먹으면 얼마든지 혼란을 초래할 수 있는 충분한 능력이 있었다.

20일에서 25일 사이에 실시된 최초의 선거에서 2,000만 명에서 2,500만 명에 이르는 러시아 성인 남성이 처음으로 투표에 참여해 497명의 하원의원을 선출했다. 여기에는 새로 결성된 24개의 당을 대표하는 의원이 포함되어 있었는데, 그들 대부분은 급진적인 성향을 지닌 자유주의자였다. 무소속 농민 출신의 의원이 100명 이상 당선되었는데, 이것은 전통적으로 차르를 경외하는 농민계층이 그에 유리한 활동을 펼칠 것이라는 희망으로 농촌지역에 표를 많이 배분한 결과였다.

그러나 1906년 5월 10일, 겨울궁전의 알현실에서 니콜라이와 그의 조신들과 각료들이 두마 의원들을 접견한 순간 두마의 분위기는 명백히 드러났다. 황태후 마리야는 상대편의 얼굴에 씌어진 "이해할 수 없는 증오"에 놀랐고, 세르게이 비테의 후임으로 총리가 된 개혁 성향의 표트르 스톨리핀 총리를 보고는 이 건방진 작자가 "폭탄을 던질지도 모른다"고 걱정하기도 했다.

접견 후 두마는 곧바로 군주에게 보내는 연설문을 작성했다. 이 연설문은 "러시아 사회의 가장 큰 병폐는 정부 관리들의 압제다"라는 말로 시작한 다음, 계속해서 파업의 권리, 전 계층의 특권 폐지, 사형 폐지, 황실과 교회 소유지의 재분배, 1905년 혁명에 참여했던 모든 양심수의 사면을 요구했다. 5년 임기로 선출된 초대 두마는 73일 만에 니콜라이에 의해 해산되었다.

2대 두마는 더욱 심했다. 초대 두마를 보이콧했던 과격한 볼셰비키, 멘셰비키, 사회주의 혁명가들이 대거 진입했고, 이것이 극우세력을 자극했다. 양쪽의 대립이 극단으로 치닫자 니콜라이는 다시 3개월 만에 2대 두마를 해산했다. 스톨리핀 총리는 좌파를 향해 "당신들이 원하는 것은 혁명이지만, 우리가 원하는 것은 위대한 러시아다"라고 외쳤다.

스톨리핀 입장에서는 그의 주요 목표인 토지개혁을 달성하기 위해서는 정

텁수룩한 수염을 기른 그리고리 라스푸틴이 최면을 거는 듯한 눈으로 카메라를 노려보고 있다. 길고 미끈거리는 머리, 나태함으로 검게 변한 치아, 때가 긴 손톱을 가진 이 자칭 성인은 병을 치유하는 능력뿐 아니라 단정치 못한 습관으로도 유명했다.

부에 대해 보다 유화적인 태도를 취하는 두마가 필요했다. 그의 해법은 그런 두마를 만들어내는 것이었다. 1907년 6월, 스톨리핀의 요청에 따라 니콜라이는 임의로 선거법을 고쳐 노동자와 농민의 의석을 줄이고 귀족의 의석을 크게 늘렸다. 불법은 아니었지만 일종의 야합이었고, 또한 효과적인 방법이었다. 다음에 구성된 두 차례의 두마는 협조적인 분위기 속에서 임기를 다했고, 정부는 두마의 입법활동을 방해하지 않았다.

스톨리핀이 추진한 토지개혁은 비효율적인 농민 공동체를 해체

상트페테르부르크의 무료 급식소에서 실업자들이 카샤(메밀죽)를 공동 그릇에 담아 먹고 있다. 카샤 외에 말린 해바라기 씨앗도 가난한 사람들의 주된 식량이었다. 한편, 오른쪽 사진에서는 엘리자베타 슈발로바 백작부인의 염색 가발 무도회에서 귀족 손님들이 호화로운 만찬을 즐기고 있다. 계층간 빈부격차는 제1차 세계대전 이전에 이미 심각할 정도로 벌어졌고, 그로 인해 수많은 농민들이 공장노동을 찾아 수도로 모여들었다.

하고 안정 속에서 성공을 추구하는 자영농을 양성하는 것이 핵심이었다. 사실상 모든 농민이 토지를 공동 소유하는 공동체하에서 농민은 흩어져 있는 좁고 긴 농지를 50뙈기까지 할당받을 수 있었는데, 각 농지에는 몇 줄의 옥수수나 밀을 심을 수밖에 없어서 종종 땅을 경작하는 시간보다 이동하는 시간이 더 많이 걸렸다.

니콜라이와 새 두마의 축복 아래 스톨리핀은 새 법을 발표했다. 이제 원하는 농민은 누구나 공동체에서 탈퇴하고 자신의 토지를 요구할 수 있었다. 그러면 여러 조각으로 흩어진 농지가 아니라 하나로 합쳐진 농지를 받을 수 있

| 혁명의 붉은 깃발 |

1848년 유럽을 휩쓴 혁명은 군주제를 폐지하고 대의정치를 확립하겠다는 정의로운 목표를 달성하지 못한 채 막을 내렸다. 그러나 그 혁명은 동쪽의 이웃 국가들에 큰 파장을 미쳤다. 파리와 베를린의 시민들이 바리케이드를 치고 싸우는 것을 본 모스크바와 상트페테르부르크의 젊은 급진주의자들은 이제 전제 러시아를 끝내고 개헌과 사회적 변화를 이끌어내기로 결심했다.

1880년대까지 급진주의자들은 농촌사회가 압도적으로 우세한 러시아에서 혁명은 가난한 농민계층이 지주에 대항할 준비가 되었을 때 일어날 것이라 믿었다. 그러나 러시아 농민들은 상류층 젊은이들의 말을 신뢰하지 않고, 그들을 지주와 한 패로 보았으며, 차르에 대한 미신에 가까운 믿음을 간직하고 있었다.

일부 급진주의자들은 마르크시즘을 받아들여 도시 프롤레타리아에 초점을 맞추기 시작했다. 블라디미르 레닌의 볼셰비키당은 도시 노동자들을 당원으로 받아들여, 보리스 쿠스토디예프의 1905년 작품 〈볼셰비키〉(위)에서처럼 그들의 혁명적 가능성을 현실로 이끌어냈다. 위 그림에서 쿠스토디예프는 혁명의 붉은 깃발을 들고 모스크바 거리를 행진하는 이상화된 노동자를 묘사하고 있다. 프랑스 혁명에서 자유, 공화체제, 사회해방의 상징으로 나부꼈던 붉은 깃발이 이제 낡은 러시아를 상징하던 빵과 소금 대신 새로운 소비에트 국가를 대표하는 가장 중요한 상징으로 부상하고 있었다.

었고, 가장은 그 땅을 자녀에게 물려줄 수도 있었다. 게다가 농민들이 원하면 투표에 의해 공동체를 완전히 해체할 수도 있었다. 이 프로그램을 돕기 위해 황실은 1만 6천km²의 황실 소유지를 정부에 팔았고, 정부는 이 땅을 좋은 조건으로 자영농에게 내놓았다.

공교롭게도 가장 시끄럽던 농민들이 가장 먼저 토지를 요구했고, 법과 질서의 지지자로 돌아섰다. 개혁 프로그램은 순조롭게 진행되어 1914년까지 900만 가구가 농지를 소유하게 되었다. 신앙심이 깊은 니콜라이에게 이 모든 과정은 신의 섭리로 보였다. 1906년에서 1911년까지 러시아는 더운 여름과 온화한 겨울이 계속되었고, 농부가 원하는 대로 비가 내렸다. 수확량은 사상 최고치를 기록했다. 풍족한 식량과 함께 경기가 전반적으로 호조를 보였다. 세금수입이 증가했고, 정부예산이 흑자로 돌아섰고, 외국에 차관을 제공했고, 철도를 확장했고, 철과 석탄 생산량이 최고치를 기록했다.

이 두마에서 정부는 교사들의 봉급을 인상하고 초등학교 무상교육을 추진하는 법안을 승인했다. 언론검열이 완화되었고, 인권 확립과 소수 종교에 대한 관용에도 약간의 소득이 있었다.

그러나 스톨리핀의 개혁이 농민을 비롯한 몇몇 계층에게 중대한 발전을 안겨주는 동안에도 도시 노동자들은 장시간 노동, 저임금, 비인간적인 근로조건에 얽매여 있었다. 1905년 이후 몇 년에 걸쳐 임금은 1/4 증가한 반면 물가는 훨씬 더 상승해서, 상트페테르부르크의 노동자 10명 중 8명은 정부 위원회에서 정해놓은 최저 생계 임금에도 못 미치는 돈을 벌고 있었다.

더구나 스톨리핀의 토지개혁 이후 자립에 실패한 농민들이 일자리를 찾아 도시로 몰려들면서 문제는 더욱 악화되었다. 1910년에서 1914년 사이 도시 프롤레타리아 계층은 60만 명이 증가했는데, 그들 대부분은 1905년 패배의 쓰라린 기억이 없는 성난 젊은이들이었다. 그들이 러시아의 도시들을 장악하기 시작했다. 1911년 한 해 동안 약 10만 명의 노동자가 한 번 이상 파업에 참가했고, 이듬해 그 수는 일곱 배로 증가했다. 1914년에는 러시아 노동자 2명 중 1명이 과거 12개월 중에 노동쟁의에 한 번 이상 참여했다.

표트르 스톨리핀에게 과연 이 위태로운 상황을 헤쳐나갈 능력이 있었는가의 문제가 중요한 쟁점으로 부상하는 사건이 1911년 9월 14일에 발생했다. 차르와 함께 키예프의 한 오페라 공연에 참석한 스톨리핀에게 야회용 예복을 입은 젊은 남자가 다가와 그의 가슴에 두 발의 총탄을 발사했다. 그는 4일 후 사망했다. 암살범은 좌파 출신의 이중 첩자였음이 밝혀졌다. 그는 개혁가를 가장한 혁명가였고, 그래서 경찰 티켓을 얻어 극장에 들어올 수 있었다는 설명이었다. 그러나 다른 한편으로는 경찰과 손을 잡은 극우파들의 소행이라는 의혹이 끊이지 않았다. 극좌와 극우 모두 스톨리핀을 싫어할 이유가 충분했기 때문이었다.

후임 총리들은 스톨리핀과 같은 능력과 전망이 없었다. 러시아는 농지개혁과 도시폭동의 연기 속에서 세계대전을 맞이했다.

1913년 3월 6일은 러시아 역사상 가장 영광스러운 날이어야 했다. 로마노프 왕조가 탄생한 지 300주년이 되는 날이기 때문이었다. 축포가 터지고 기념 미사가 열리고 축사가 낭독되었다. 그러나 상트페테르부르크 시민들과 군주에게는 쓸쓸한 300주년이었다.

통치 말기에 접어들수록 니콜라이는 차르스코예 셀로의 울타리 안으로 더 깊이 숨어들었다. 간혹 대중 앞에 모습을 드러낼 때에는 우울한 안색에 냉담하고 초연한 태도를 감추지 않았다. 이날 행사에서도 국민의 즐거움에 기여할 이유가 거의 없었다. 기념식에 참석한 군중도 이상할 정도로 조용했다.

알렉산드라 황후는 다른 세계에 있는 것 같았다. 알렉세이의 병세는 여덟 살이 되도록 수그러들지 않았다. 아들에 대한 슬픔에 사로잡힌 그녀는 갈수록 라스푸틴에게 의존하면서 위로와 희망을 찾았고, 그녀 자신이 몸과 마음의 건강을 잃으면서 병약한 은둔자가 되어갔다. 그녀는 종종 병상에 누웠고, 히스테리를 일으킬 때에는 니콜라이도 진정시킬 수 없었다.

300주년 축하 공연장에 알렉산드라가 몇 년 만에 처음으로 차르와 함께 모습을 드러냈다. "국가가 연주되는 동안 그녀는 남편 곁에 서 있었다. 그녀의 사랑스럽고 비극적인 얼굴은 엄숙함이 묻어날 정도로 무표정했다"라고 영국 대사의 딸은 회고했다. 국가에 화답하는 청중의 박수갈채에도 그녀는 미소의 기미조차 보이지 않았고, 오페라 공연이 진행될수록 고통스러운 빛이 더욱 분명해졌다. 급기야 흰 독수리 깃털로 만든 부채가 떨리기 시작했고, 얼굴이 붉어지고 호흡이 가빠졌다. 대사의 딸은 이렇게 기록했다. "그 순간 비탄의 감정이 그녀를 완전히 사로잡은 것 같았다. 황제에게 몇 마디 말을 속삭인 후 그녀는 자리에서 일어나 관람석 뒤로 사라졌고, 그날 내내 모습을 보이지 않았다." 그녀는 여러 주 동안 대중 앞에 나타나지 않았다.

"온 유럽의 등불이 꺼지고 있다. 우리는 죽기 전에
등불이 다시 켜지는 것을 보지 못할 것이다."

상트페테르부르크 사회는 이것을 모욕으로 간주했고, 그들이 황후에게 예상했던 차가운 무관심을 보여주는 증거라고 생각했다. 알렉산드라는 천성이 소심한데다, 결혼식과 대관식에서 일어났던 비극적인 일들로 더욱 위축되어 궁정의 귀족들과 부인들의 마음을 돌려놓을 용기를 내지 못하고 지냈다. 시간이 흐르면서 그녀의 마음에도 반감이 쌓였고, 300주년 사건으로 서로의 감정은 더욱 깊어지고 말았다. 그밖에도 1913년 겨울부터는 그녀를 미워할 이유가 하나 더 늘어났다. 그녀는 독일 태생이었는데, 러시아 인들에게 튜튼(북유럽 계)은 갈수록 불쾌한 이름이 되고 있었다.

지난 6년 동안 강대국들 사이에 정치적·군사적 긴장이 계속 고조되고 있었다. 대립의 한쪽에는 러시아, 프랑스, 영국을 축으로 하는 3국연합이 있었고, 다른 한쪽에는 오스트리아-헝가리 제국과 독일을 축으로 하는 동맹제국이 있었다. 사태가 악화되자 알렉산드라 황후는 다시 한번 '독일 여자'가 되었다.

마침내 1914년 6월 28일 세르비아의 사라예보를 공식방문 중이던 오스트리아-헝가리 제국의 황태자 프란츠 페르디난트 대공이 암살당하는 사건이 발생했다. 세르비아 정부와는 전혀 무관한 일이었지만, 격분에 휩싸인 오스트리아 인들은 일말의 명예를 지키고자 하는 국가로서는 도저히 수용할 수 없는 굴욕적인 48시간의 최후통첩을 전달했다. 세르비아가 최대한 유화적인 어조로 요구를 거절하자 오스트리아는 전쟁을 선포하고, 7월 29일 아침 5시, 다뉴브 강 건너편 세르비아의 수도 베오그라드를 향해 포문을 열었다.

러시아는 오래 전부터 세르비아를 포함해 모든 슬라브 민족의 수호자임을 자처하고 있었다. 그러나 상트페테르부르크에서 니콜라이는 안절부절못하며 그에게 닥치고 있는 위기를 이해하지 못한 채 그저 평화만을 위해 기도했다. 그는 세르비아를 지지한다고 선언했지만, 오스트리아에 맞서기 위해 동원할 수 있는 병력은 많지 않았고, 따라서 러시아의 긴 국경은 독일의 막강 화력 앞에 무방비로 노출되어 있었다. 러시아 참모들이 비통해하는 가운데 니콜라이는 7월 30일 오후 3시 외무장관 세르게이 사조노프의 알현을 허락했다. 니콜라이가 "평화를 지키기에 너무 늦었다고 생각하는가?"라고 묻자 사조노프는 그렇다고 대답했다. 니콜라이는 창백해졌고 말을 더듬었다. 그는 "당신의 충고에 대해 당신이 져야 할 책임을 생각해보라"고 말한 다음 잠시 후, "당신이 옳다. 우리가 할 일은 더이상 없다… 나의 동원 명령권을 참모총장에게 넘기겠다"고 말했다.

독일은 8월 1일 러시아에 전쟁을 선포한 다음 프랑스와 영국에 대해서도

전쟁을 선포했다. 오스트리아도 독일의 뒤를 따랐다. 1907년 영국-러시아 동맹의 주역이었던 영국 외무장관 에드워드 그레이 경은 이렇게 말했다. "온 유럽의 등불이 꺼지고 있다. 우리는 죽기 전에 등불이 다시 켜지는 것을 보지 못할 것이다."

러일전쟁 초기와 마찬가지로 애국심의 물결이 러시아를 뒤덮었다. 8월 2일 오후 니콜라이와 알렉산드라는 5,000명이 기다리고 있는 겨울궁전 내의 거대한 니콜라이 홀에 들어섰다. 니콜라이가 지나갈 때 군중들은 열광하며 그의 손에 입을 맞추었다. 홀 앞에 마련된 제단 위에는 반백의 쿠투조프가 나폴레옹을 물리치기 위해 러시아 군대를 이끌기 전에 그 앞에서 기도를 올렸으며, 기적의 힘이 있다고 전하는 카잔의 성모 성화가 올려져 있었다. 니콜라이는 엄숙하게 성화를 바라보며, 1812년 알렉산드르 1세가 했던 것처럼 오른손을 들고 똑같이 선서했다. "나는 단 한 명의 적이라도 러시아 땅에 남아 있는 한 결코 적과 화해하지 않을 것임을 엄숙히 선언하노라."

니콜라이와 알렉산드라가 발코니에 모습을 드러내자 겨울궁전 밖의 드넓은 광장에서는 수천 명의 군중이 무릎을 꿇고 국가를 불렀다. 군중은 "바튜슈카(작은 천주)! 바튜슈카! 우리를 승리로 이끄소서! 신이

"전쟁의 희생자를 돕자"고 호소하는 이 포스터는 1914년 8월 독일과의 전쟁이 발발한 직후 제작되었다. 작가 보리스 파스테르나크의 아버지이자 미술가였던 레오니드 파스테르나크는 "포스터 앞으로 군중이 모여들었고, 늙은 여인들은 눈물을 흘렸다"고 회고했다.

여, 차르를 구하소서!"를 연호했다. 한 목격자는 다음과 같이 회상했다. "그 순간 차르는 진정한 전제군주였고, 만백성의 군사적 · 정치적 · 종교적 지도자였으며, 그들의 몸과 마음을 지배하는 절대군주였다."

러시아의 모든 도시에서 파업이 거짓말처럼 멈췄다. 노동자들은 혁명의 붉은 깃발을 내리고 차르의 초상화를 걸었다. "신과 차르와 조국을 위해! 신성한 러시아의 수호를 위해!"라는 구호가 모든 공장과 마을, 병영과 대학에서 메아리쳤다. 귀족과 평민이 똑같이 감동을 느꼈다. 어느 대공 부인은 "이것은 정치적인 전쟁이 아닙니다. 슬라브 민족과 게르만 민족의 목숨을 건 대결입니다"라고 말했다. 한 늙은 농부도 그녀와 같은 생각이었다. 그는 어느 귀족에게 "우리가 불행하게도 독일군을 무찌르지 못한다면 그들은 이곳으로 쳐들어와 당신과 나를, 그렇습니다, 나뿐만 아니라 당신까지 그들의 쟁기로 이용할 것입니다."

상트페테르부르크에서는 폭도들이 독일 대사관을 약탈했다. 두마에서는 귀족들과 극단주의자들이 손을 잡았고, 정부에서는 즉시 수도의 서구식 이름을 명백한 러시아 이름인 페트로그라드로 바꾸었다. 제국의 방방곡곡에서 건장한 젊은이들이 어깨에 짐을 메고 달려와 우마차를 타고 전선으로 향하는 것을 보고 니콜라이는 "나는 이제 미래를 전적으로 확신한다"고 말했다.

하지만 그 확신은 오래가지 못했다. 러시아 치하의 폴란드에서 동프로이센으로 진군하던 차르의 군대는 일찍이 본 적이 없는 피비린내나는 대학살을 겪었다. 1914년 8월부터 1915년 8월까지 러시아 군대는 병력의 절반을 잃었다. 140만 명이 전사했고 97만 6,000명이 포로가 되었다. 러시아 장군들은 독일 포병대 앞에 기병대를 내보냈고, 귀족 출신의 러시아 젊은이들은 말 위에서 전사했다. 러시아 보병은 기관총과 소총이 빽빽이 밀집해 있는 독일 전선으로 파도처럼 몰려갔다. 수많은 연대가 흔적도 없이 사라졌다.

누더기를 걸친 굶주린 난민들이 도시로 몰려와 희망과 통합과 국가적 단결의 마지막 흔적을 깨끗이 쓸어버렸다. 성난 군중이 거리로 몰려나와 오랫동안 고대하던 음식, 물가 안정, 임금 인상, 자유와 개혁을 요구했다. 얄팍하게 억눌려 있던 유대 인에 대한 증오가 표출되어 약탈, 구타, 살해가 자행되었다. 독일에서 온 알렉산드라에게도 새로운 원한이 쏟아졌다.

패배와 사회적 불안의 그늘에서 니콜라이는 근심으로 이성을 잃고 있었다. 마침내 그는 직접 나서기로 결심했다. 1915년 8월 말에 열린 각료회의에서 국방장관이 다른 장관들에게, "오늘 아침 폐하께서 직접 최고 사령관직을 맡으시겠다는 결정을 나에게 통보하셨다"고 보고했다.

차르가 800km 밖에 있는 군대를 지휘하기 위해 국정을 포기하다니, 각료들은 아연실색했다. 그러나 각료들이 간청할수록 니콜라이는 더 완고해졌다. 차르에게 주어진 신성한 사명과 '백성'과의 일체에 대해 신비한 믿음을 갖고 있었던 그는 멀리서 전쟁을 지켜봐야 하는 것이 항상 불만스러웠다. 전투에서 군대를 직접 이끄는 것이야말로 차르의 신성한 의무였다. 그래서 그는 러시아의 내정 전반을 아내이자 황후의 손에 맡기고 전선으로 떠났다.

전쟁은 알렉산드라를 극적으로 변화시켰다. 러시아에서 20년을 보낸 지금 그녀는 독일 편을 들기는커녕 열렬한 러시아 애국자가 되었다. 알렉세이의 혈우병은 여전했고, 그녀 자신의 건강마저 악화되어 이따금 휠체어에 몸을 맡겨야 했다. 그러나 이제 새로운 힘과 결의가 솟구쳤다. 그녀는 간호사 교육을 받았고, 오전에는 수술실에서 일했으며, 오후에는 페트로그라드 안팎을 혼자 돌아다니며 그녀가 후원하는 85개 병원을 방문했다. 죽어가는 부상병들은 침대 곁에서 무릎을 꿇고 기도하는 그녀를 향해 손을 내밀었다.

알렉산드라는 또한 니콜라이를 격려하기 위해 노력했다. 그녀는 끊임없이 그에게 더 강해지라고 재촉―거의 명령―했다. 이 모든 것은 그의 전쟁이고, 그의 평화이고, 그의 명예였다. 그녀는 다음과 같은 편지를 썼다. "소중한 이여, 나를 용서하세요. 하지만 당신은 너무 친절하고 너그럽습니다. 때로는

1917년 2월 27일 혁명에 가담한 군인들이 탈취한 정부 차량을 타고 붉은 깃발을 날리며 페트로그라드 거리를 달리고 있다. 이 롤스로이스는 황실 요트 스탄다르트의 장교들을 위한 수송 차량이었다.

커다란 호통 소리가 경이로운 일을 만들어냅니다. 내 의지를 당신의 핏줄 속에 부을 수 있다면 얼마나 좋을까⋯ 표트르 대제가 되세요, 이반 뇌제가 되세요⋯ 모든 사람을 딛고 올라서세요."

얼마 후 자기 자신을 농담 반 진담 반으로 "당신의 심약하고 가엾은 남편"으로 묘사할 남자가 페트로그라드를 떠나자마자 알렉산드라를 애타게 그리워한 것은 당연한 일이었다. 사령부에 도착한 직후 그는 이런 편지를 썼다. "여보, 생각해보오. 이곳으로 와서 당신의 남편을 도와주지 않겠소?" 그리고 다음날에는 이렇게 썼다. "각료들과 이야기를 하고 그들을 지켜보는 것이 진정으로 나를 돕는 것이라오."

알렉산드라는 그의 말을 그대로 믿었다. 그리고 그녀 곁에는 그녀의 표현대로 "자지도, 쉬지도 않고" 그를 위해 기도하는 그리고리 라스푸틴이 있었다.

상트페테르부르크에 도착한 후 10년 동안 라스푸틴이 황실과 맺은 관계는 그야말로 난공불락이었다. 그는 거듭해서 어떤 알 수 없는 능력을 발휘해 알렉세이의 출혈을 멈추게 했고, 더욱 놀라운 것은 멀리 떨어진 곳에서도 그런 기적을 행했다는 점이었다. 1912년 10월 어느 날, 여덟 살의 황태자가 거의 죽음에 이르자 성직자를 불러 종부종사를 올린 적이 있었다. 때마침 라스푸틴은 시베리아의 고향에 있었기 때문에 전보로만 연락을 취할 수 있었다. 그는 다음과 같은 답신을 보냈다. "하느님께서 당신의 눈물을 보시고 당신의

페트로그라드의 네프스키 대로에서 임시정부에 충성하는 군대가 기관총을 발사하자 볼셰비키 시위자들이 흩어지고 있다. 여름 내내 계속된 사회 불안은 가을의 전면적인 폭동과 볼셰비키의 정권 장악으로 이어졌다.

기도를 들으셨습니다. 슬퍼하지 마십시오. 어린아이는 죽지 않을 것입니다."
몇 시간 내에 황태자는 기적적으로 회복되기 시작했다.

알렉산드라에게 ― 그리고 그녀를 통해 니콜라이에게도 ― '우리의 친구'는 절대로 사기꾼일 리가 없었다. 그러나 다른 모든 사람은 그가 비열한 돌팔이이자 추잡한 주정뱅이에 호색가라는 사실을 알고 있었다. 그는 자신의 엄청난 영향력을 이용해 지위 고하를 막론하고 모든 사람에게서 원하는 것을 빼앗았다. 그가 차르에게 그의 더러운 발을 씻게 했다거나, 알렉산드라와 잠자리를 한다거나, 네 딸을 모두 강간하고 그들을 후궁처럼 거느린다거나 하는 소문이 꼬리에 꼬리를 물고 퍼졌다. 물론 모두 헛소문이었지만, 라스푸틴은 그런 험담을 막기 위해 조금도 노력하지 않았다. 오히려 그는 자기가 차르에게 은밀한 곳을 내보였다거나, 마음만 먹으면 '나이 든 여자'와 원하는 짓을 할 수 있다는 등의 허풍을 늘어놓으며 그런 소문을 조장했다.

그런 이야기는 왕궁에도 전해졌지만 말도 안 되는 소리로 일축되었다. 라스푸틴은 하느님의 사람이고 기도를 통한 치유능력이 그것을 입증했다. 니콜라이가 전선으로 떠난 후 알렉산드라는 라스푸틴을 더욱 가까이 두고, 그를 절실한 친구이며 조언자이자 각료들을 평가하는 척도로 여겼다. '좋은 사람'은 라스푸틴에 대해 좋은 말을 하는 사람이고, '나쁜 사람'은 라스푸틴을 미워하고 역겨운 이야기를 지어내는 사람이었다. 알렉산드라 본인도 자주 사람들을 답답하고 불합리한 기준으로 평가하는 사람이었고, 자신이 전제군주의 역할을 좋아한다는 사실을 발견한 후에는 이따금 자신을 예카테리나 대제에 비유하면서 남편을 통해 기분 나쁜 사람을 기꺼이 응징했다. 그녀는 니콜라이에게 이렇게 썼다. "나는 당신 뒤를 받치는 벽입니다. 바보 같은 여자라고 웃으시겠지만 그 여자는 안 보이게 바지를 입고 있습니다."

1916년 말이 되자 어떤 변화가 불가피해 보였다. 가장 온건한 공모자들은 전쟁이 끝날 때까지 알렉산드라를 크림의 궁전으로 유배시키기를 희망했다.

다른 사람들은 쿠데타를 통해 차르를 축출하는 방법을 고려했다. 그 모든 음모 중 유일하게 성공한 음모는 라스푸틴을 죽이는 것이었다.

12월 29일, 펠릭스 유수포프 공이 이끄는 세 명의 황실 귀족이 두마의 한 우익 의원과 공모하여, 유수포프의 궁전에서 밤늦은 야회를 열고 라스푸틴을 초대했다. 수상한 낌새를 감지한 측근이 라스푸틴에게 초대에 응하지 말라고 경고했다. 라스푸틴도 염려하는 빛을 띠었고 오랫동안 기도를 했다. 그러나 공모자들은 이 남자의 취향을 알고 있었다. 유수포프는 최근 페트로그라드 사교계의 절세미인 중 한 명과 결혼했는데, 바로 그 숙녀가 이날 야회에 참석할 것이라는 말로 라스푸틴을 솔깃하게 만들었다.

라스푸틴이 숙녀를 기다리고 있는 동안 공모자들은 그에게 독이 든 마데이라 포도주와 청산가리가 든 케이크를 억지로 권했다. 한 시간이 흘렀지만 아무 일도 일어나지 않았다. 독약은 아무 효과가 없었다. 참다 못한 유수포프는 권총을 꺼내 그의 옆구리를 쏘았다. 라스푸틴은 야수같이 비명을 지르며 바닥에 쓰러졌다. 그의 움직임이 멈추자 공모자들은 시체를 네바 강에 버리기 전에 먼저 그의 외투를 처리하기 위해 밖으로 나갔다. 그러나 라스푸틴은 괴력의 소유자였다. 그는 의식을 차리고 비틀거리며 마당으로 나가 비명을 질러댔다. "펠릭스! 펠릭스! 황후께 모든 것을 일러바칠 테다!"

다시 두 발의 총탄이 발사되었고, 덤으로 관자놀이에 육중한 발길질이 가해졌다. 암살자들은 라스푸틴의 몸에 무거운 쇠사슬을 감고 한적한 네바 강변으로 마차를 몰아 시체를 강물 속에 던졌다. 이틀 후 그의 시체가 떠오르자 부검의는 익사로 판정했다.

라스푸틴의 죽음으로 니콜라이는 아내와 더욱 가까워졌다. 처음에 알렉산드라는 하느님의 사람을 잃은 것과 앞으로 알렉세이에게 일어날 일을 걱정하며 비탄에 잠겼다. 그러나 며칠 후 그 모든 눈물과 히스테리는 신이 러시아에 부여한 독재체제를 유지하고 남편과 함께 러시아를 확고히 통치하겠다는 냉철한 결심으로 바뀌었다. 남편이 용기를 보여주지 못하면 그녀가 대신 나서야 했다.

그러나 변화는 일어나지 않았고 변화의 기미조차 보이지 않았다. 혁명은 3월에 시작되었다.

직접적인 원인은 식량이었다. 몇 년 사이에 매우 혹독한 겨울이 찾아와, 러시아 북부와 중부의 도시 거주자들을 기근의 벼랑으로 내몰았다. 음식 섭취량은 1/4이 감소했고, 유아 사망률은 두 배로 증가했으며, 범죄율은 세 배로 뛰었다. 어린아이들이 거리의 매춘부로 내보내졌다. 막심 고리키는 거리에서 그런 아이를 만난 후 "문명사회에서 이런 일이 일어나다니!"라며 비통해했다. "밤에 길을 나서면 추위와 굶주림으로 파랗게 질린 아이들이 인도에 서성이는 것을 볼 수 있다… 나는 그중 한 명에게 말을 걸었다. 그리고 그 아이의 손에 약간의 돈을 쥐어주고 서둘러 자리를 떴다. 눈물이 흘렀다."

1915년 가을부터 제빵소, 식품점, 정육점 앞에는 항상 긴 줄이 늘어서기 시작했다. 공장에서 10시간 교대근무를 마친 여자들이 걸상과 벤치를 들고 나와 피곤한 몸을 앉히고 소량의 배급을 기다렸다. 그 줄은 일종의 토론장이 되어 정보와 견해가 오갔고, 불평이 증오로 바뀌고 증오가 격렬한 분노로 부풀어올랐다.

1917년 3월 8일 목요일, 페트로그라드의 한 제빵소 앞에서 배급을 기다리던 여성 직물 노동자들은 최후의 인내심을 잃고 말았다. 빵이 떨어졌다는 소식이 전해지자 그들은 무엇이라도 손에 넣기 위해 제빵소 안으로 몰려들어갔다. 그런 다음에는 근처 공장으로 달려가 남자들을 불러내 도심으로 시위행진을 벌였다. 수천 명의 남녀 노동자들이 줄지어 네바 다리를 건너면서 "빵을 달라! 빵을 달라!"고 외쳤다. 카자흐 족 기병대가 채찍을 휘둘러 군중을 해산시켰지만, 사람들은 다음날 아침 다시 모였고 그 수는 두 배로 늘어났다.

감시병들이 지켜보는 가운데 니콜라이가 퇴위 직후 차르스코에 셀로의 그루터기 위에 힘없이 앉아 있다. 차르와 그의 가족은 1917년 8월 시베리아로 이송되었고, 1년이 채 못되어 볼셰비키 총살대에 의해 처형되었다.

3월 10일 토요일, 페트로그라드 거리를 가득 메운 노동자들은 붉은 깃발을 들고 행진하면서 "전쟁을 끝내라! 독일 여자를 끌어내려라!"라고 외쳤다. 정부는 처음으로 사태의 심각성을 깨달았다. 식량부족을 해결하기 위해 각료들이 하루종일 머리를 맞대고 논의했지만 희망이 보이지 않았다. 그들은 총사령부에 있는 니콜라이에게 전문을 보내 돌아와 줄 것을 호소했다. 그러나 차르는 이 위기가 또 한 번의 시련이라 생각하고 단호한 회신을 보냈다. "모든 무질서를… 내일까지 끝낼 것을 명령한다."

그것은 무력을 의미했다. 알렉산드라의 총신인 내무장관 알렉산드르 프로토포포프는 시위대가 지나갈 길에 경찰, 카자흐 군대, 그리고 마지막으로 기관총을 갖춘 군대를 배치했다. 첫 발포는 일요일에 있었고, 그날 200명이 사살되었다. 부상자는 아무도 세지 않았다.

이들의 발포는 오히려 군중을 자극해서 시위를 완전한 폭동으로 발전시켰고, 또한 군인들의 양심을 자극했다. 군인들은 막사에 모여 토론하고 결정했다. 어떻게 러시아 인이 러시아 인을 학살할 수 있단 말인가? 12일 월요일 아침 6시, 유명한 볼린스키 연대의 한 하사가 자신의 지휘관을 쏘았다. 다른 장교들은 달아났고, 볼린스키 연대는 총성을 울리며 거리로 나가 혁명에 합류했다. 반란은 다른 유명한 연대들, 세모노프스키, 이스마일로프스키, 리토프스키, 그리고 마지막에는 표트르 대제가 직접 창설한 가장 오래된 연대인 프레오브라젠스키 수비대에까지 빠르게 확산되었다.

그날 페트로그라드에서는 군인과 노동자들이 법원, 내무성, 비밀경찰 본부, 도시 전역의 경찰서 수십 군데를 불태웠고, 병기고와 감옥의 문을 폭파했다. 약탈자들이 거리를 마음대로 몰려다녔다. 막심 고리키는 정의의 궁전이 화염에 휩싸이는 것을 지켜보고 이렇게 썼다. "텁수룩한 양가죽 모자를 눌러쓴 큰 키의 구부정한 남자가 파수병처럼 이리저리 걸어다녔다. 그가 걸음을 멈추더니 음울한 목소리로 물었다. '아니, 그렇다면 모든 정의가 폐지되는 것인가? 처벌이 완전히 사라지는 것인가?' 아무도 그의 질문에 대답하지 않았다."

"러시아에는 혁명이 없고, 일어날 수도 없습니다.
하느님이 허락하지 않습니다."

두마 국회의 의장이자 능력 있는 황족 미하일 로드지안코는 니콜라이에게 거듭 전보를 띄워 무정부 상태를 알리고, 국민의 신뢰를 얻을 수 있는 내각을 구성하라고 간청했다. 니콜라이는 처음에는 "뚱보 로드지안코가 대답할 가치도 없는 헛소리를 보냈다"며 그의 말을 무시했다. 월요일 밤 알렉산드라가 보낸 짧은 전보가 도착하고 나서야 그는 사태를 파악하기 시작했다. 얼마 전만 해도 "러시아에는 혁명이 없고, 일어날 수도 없습니다. 하느님이 허락하지 않습니다"라고 말했던 황후가 이제는 "양보 불가피함. 거리 투쟁 계속됨. 많은 부대들이 적으로 넘어감. 알릭스"라는 전보를 보내왔다.

니콜라이는 기차를 준비시키고, 13일 화요일 아침 5시에 페트로그라드로 출발했다. 그때까지도 그는 새 정부를 구성하는 문제를 회피하면서 차르스코예 셀로의 궁전에 도착하면 결정하겠노라고 말했다. 어쨌든 너무 늦어버린 때였다. 권력은 이미 차르 정부에서 두마로 넘어갔다. 내각은 니콜라이가 어떤 조치를 취할 것이란 희망을 접고 정오경에 자진 해산했고, 장관들은 두마의 보호하에 개인으로 돌아갔다. 두마에서 임시정부가 구성되었다. 차르를 구하고 싶어하는 사람들은 한 가지 동의를 받아냈다. 니콜라이를 무력으로 타도하지 말고 퇴위시켜야 한다는 것이었다.

차르는 3월 15일 목요일 아침, 페트로그라드에서 240km 떨어진 프스코프에 도착해서야 모든 사실을 알게 되었다. 로드지안코는 미리 러시아 군 참모들에게 의견을 물었는데, 차르 앞에는 그들의 답신이 놓여 있었다. 모두 그가 물러나야 한다는 내용이었다. 니콜라이는 망연자실했다. 그의 얼굴이 백지장처럼 창백해졌다. 그는 창 쪽으로 돌아서 차양을 올린 뒤 밖을 내다보았다. 그 순간 그의 마음속에 어떤 생각이 지나갔는지는 아무도 모를 것이다. 그러나 내전이나 반혁명으로 사랑하는 러시아가 화염에 휩싸이고 그의 백성들이 서로를 죽이는 것은 이 마음 약한 사람이 원하는 바가 결코 아니었을 것이다.

니콜라이는 다시 돌아선 다음 강하고 분명한 목소리로 "나는 내 아들을 위해 왕위를 포기하겠다"고 발표했다. 그가 성호를 긋자 열차 안에 있던 다른 사람들도 성호를 그었다. 니콜라이 2세는 그의 아내 알렉산드라가 기다리고 있는 차르스코예 셀로로 가서 그녀의 가슴에 얼굴을 묻고 소리내어 울었다.

니콜라이는 심사숙고 끝에 병약한 아들이 차르가 되기에 부적합하다고 판단하고 대신 동생 미하일 대공을 후계자로 선택했으나, 미하일은 즉시 황제 자리를 사양했다. 이로써 로마노프 왕조는 막을 내렸다. 그러나 독재군주의 몰락과 임시정부의 수립만으로는 전쟁 초부터 끊임없이 증폭되어온 경제적·정치적 혼란이 진정되지 않았다. 혁명은 여름 내내 용암처럼 끓다가, 그해 11월 새로운 화염을 분출했다.

이번의 승자는 이 순간을 위해 젊음을 바친 블라디미르 일리치 레닌의 볼셰비키 당이었다. 그러나 1917년 겨울에 시작된 볼셰비키 혁명은 잔인한 보복과 더 큰 폭력을 낳아 수많은 러시아 인에게 거부감을 불러일으켰다. 이미 피에 젖은 러시아는 그후로도 수년간 내전을 겪었다. 결국 볼셰비키가 정권을 장악하고 소비에트 국가가 탄생하는 순간, 과거의 차르 정부 못지않게 무자비하고 억압적인 쇠사슬이 절거덕 소리를 내며 러시아의 발목을 휘감았다.

18세기에 러시아 통치자들이 유럽의 풍습과 사상을 아주 성공적으로 도입해서 적어도 귀족계층에서는 러시아 문화가 거의 사라지고 말았다. 귀족들은 프랑스 어로 말하고 읽고 썼으며, 영어, 독일어, 프랑스 어 개인교사를 고용해 자녀들을 가르쳤다. 그러나 19세기 초에 이르러 러시아의 고유 전통에 대한 관심이 새롭게 대두되었다. 러시아 문화의 부활이라 할 수 있는 이 운동은 한 명의 작가 알렉산드르 세르게예비치 푸슈킨으로부터 시작되었다.

위의 그림은 농노 화가 오레스트 키프렌스키가 1827년에 그린 푸슈킨의 초상화이다. 푸슈킨은 러시아 어로 씌어지고, 러시아 전통에 기초하고, 러시아 민중의 삶이 가득한 러시아 민족문학의 초석을 세웠다. 그는 1799년 귀족가문의 아들로 태어났는데, 그의 어머니는 아비시니아 공주의 후손이었다. 당시의 귀족 자제들처럼 푸슈킨도 외국인 교사들에게 교육을 받고 농노 보모의 손에 길러졌다. 바로 이 보모, 아리나 로디오노브나가 그에게 러시아 민족의 신비한 전설과 동화를 들려주고 러시아 말에 대한 사랑을 심어 주었다.

37세에 결투로 숨을 거둔 푸슈킨은 짧은 생애 동안 〈보리스 고두노프〉(16세기 왕족을 사칭한 자의 이야기)와 같은 사극, 단편소설, 시, 서정적인 노래, 그리고 유명한 운문 소설 〈예브게니 오네긴〉을 발표했다. 그의 모든 작품에는 유창하고 우아한 문체, 일상생활에 대한 관찰, 러시아 문학에서 오늘날까지 이어지는 주요 테마들이 담겨 있다.

푸슈킨은 동시대인들뿐 아니라 후세의 작곡가, 작가, 미술가들에게까지 영향을 미쳤다. 톨스토이와 도스토예프스키의 소설, 차이코프스키의 발레 음악, 무소르크스키의 음악, 일랴 레핀의 그림, 체호프와 스타니슬라프스키의 연극을 비롯해 수많은 위대한 러시아 예술들이 알렉산드르 푸슈킨이 남긴 러시아 특유의 목소리에서 비롯되었다.

화가 이반 크람스코이가 중년의 레오 톨스토이를
그린 이 초상화가 완성되었을 무렵, 톨스토이는
결혼 후 장편 소설 〈전쟁과 평화〉를 집필하고
있었다. 크림 전쟁의 참전 용사였던 톨스토이는
당시의 경험을 살려 생생한 전투장면을 묘사했다.

톨스토이와 그의 아내 소피아(사진 중앙, 사모바르를 가운데 두고 앉아 있다)가
시골 영지 야스나야 폴랴나의 야외에서 가족과 친구들과 함께 식사를 하고 있다.

| 러시아 문학의 황금기

알렉산드르 푸슈킨이 러시아 문학의 황금기를 연 후
2세대 동안 러시아는 소설문학에서 세계적으로 위대한
거장들을 배출했다. 1840년 미하일 레르몬토프는 푸슈
킨이 죽은 뒤 소설 〈우리 시대의 영웅〉을 발표해 친구
의 뒤를 이어 러시아 민족시인이 되었다. 1842년에는
역시 푸슈킨의 친구이자 은거 작가인 니콜라이 고골리
가 러시아 농노제를 준엄하게 풍자한 〈죽은 혼〉을 발표
했다.

1852년 귀족 출신의 작가 이반 투르게네프는 농노들
의 삶을 그린 〈사냥꾼의 수기〉를 발표했다. 이 소설은
농노들의 비참한 삶과 고통을 적나라하게 묘사해 러시
아 사회를 충격에 빠뜨렸고, 투르게네프는 "귀족계층이
다른 계층들에게서 마땅히 받아야 할 존경에 해로운 견
해를 전파한" 죄로 체포되어 그의 영지에 18개월 동안
감금되었다. 후에 그의 책은 농노제를 폐지한 알렉산드
르 2세의 결정에 영향을 미친 것으로 알려졌다.

1872년 바실리 페로프가 그린
소설가 표도르 도스토예프스키의 초상화.
그는 '인간 영혼의 깊이'를 묘사하고자
했다. 왼쪽에 보이는 원고는 한
테러리스트가 알렉산드르 2세의
암살을 공모하는 중에 그의
공모자들에게 살해된다는
내용의 소설 〈악령〉의 일부이다.

19세기 중반 무렵 표도르 도스토예프스키와 레오 톨스토이는 소설을 프리즘처럼 이용해 당대의 많은 사회적·정신적 문제를 고찰하고 논의했다. 음울하고 사색적인 성격의 도스토예프스키는 간질과 도박 충동 그리고 지독한 가난에 시달렸다. 그의 소설 〈죄와 벌〉과 〈카라마조프 가의 형제들〉은 인간의 어두운 충동을 탐구했고, 빈민가에서 감옥과 시베리아 유형지에 이르는 러시아의 차가운 음지를 독자들에게 보여주었다.

귀족으로 태어난 톨스토이는 걸작 〈전쟁과 평화〉를 통해 러시아의 승리와 나폴레옹의 패배를 서사적으로 그림으로써 러시아 문학의 거장으로 인정받았다. 농민을 러시아의 영웅으로 본 그는 〈전쟁과 평화〉에서 인생의 진정한 의미가 오직 농부에게만 드러나는 것으로 묘사했다. 두 작가의 위대한 업적을 통해 러시아 민족문학은 인간의 자유, 신성한 정의, 선악의 영원한 투쟁이라는 중대한 문제들을 러시아와 전세계에 제기했다.

표트르 일리치 차이코프스키를 그린 19세기의 초상화. 그는 고전적인 유럽의 음악을 러시아에 대한 애국심과 결합했다. 그의 아름다운 교향곡, 오페라, 발레 음악의 기초에는 알렉산드르 푸슈킨의 작품뿐 아니라, 러시아의 역사와 신화가 깔려 있다.

러시아 베이스 가수 표도르 샬리아핀(반주자 뒤)이 음악평론가 블라디미르 스타소프 (중앙, 앉은 사람)의 집에 모인 청중 앞에서 노래를 부르고 있다.

| 작지만 강력한 소수

러시아 음악도 19세기를 휩쓴 민족주의의 물결에 젖어들었다. 19세기 들어 열정적인 젊은 러시아 작곡가들이 출현하여 푸슈킨의 시, 집시들의 춤곡, 뱃사공들의 노래, 오래된 러시아 성가를 기초로 교향곡, 가곡, 오페라 등을 작곡했다.

떠오르는 작곡가들 중 최초의 인물인 미하일 글린카는 유럽의 음악 형식과 러시아 테마를 결합시켰다. 그가 1936년에 쓴 첫 오페라 〈황제에게 바친 목숨〉은 관객들에게 큰 인기를 불러일으켰다. 글린카 이후 러시아 음악

가들은 두 진영으로 나뉘었다. 한쪽은 러시아 적인 모든 것을 숭배하고 유럽 적인 모든 것을 매도하면서 정식 음악교육을 거부한 슬라브 주의 음악가들이었고, 다른 한쪽은 슬라브 민족의 감정을 유럽의 음악형식에 담은 서구화주의 음악가들이었다.

슬라브 주의 음악가들 중에서 블라디미르 스타소프의 표현대로 "작지만 강력한 소수" ― 국민악파 5인조 ― 를 이루는 젊은 음악가와 작곡가들이 출현했다. 음악가이자 지휘자 밀리 발라키레프가 이끄는 이 그룹에는 의사

일랴 레핀이 그린 작곡가 모데스트 무소르크스키의 초상화. 그는 매력적인 〈민둥산의 하룻밤〉을 비롯해 러시아 음악에서 가장 빛나는 작품들을 작곡했고, 푸슈킨의 희곡 〈보리스 고두노프〉를 음악으로 재창조했다. 아래는 〈보리스 고두노프〉의 초판 악보의 표지이다.

이자 화학자인 알렉산드르 보로딘, 해군 장교 니콜라이 림스키코르사코프, 군사 공학자 세자르 퀴, 그리고 프레오브라젠스키 수비대 장교 출신의 모데스트 무소르크스키가 있었다. 알렉산드르 푸슈킨처럼 무소르크스키도 자애로운 농노 보모가 들려주는 풍부하고 다채로운 러시아 설화와 동화를 들으며 성장했다. 이 그룹의 다른 음악가들처럼, 그 역시 성인이 되었을 때 형식과 내용에 있어 진정으로 러시아 적인 교향곡과 오페라를 작곡하기로 결심했다.

서구화주의 음악가들은 고전적인 형식에 러시아의 노래, 이야기, 배경을 결합했다. 표트르 일리치 차이코프스키는 오랫동안 러시아의 음악학교에서 공부하고 가르치면서 유럽 음악의 기교와 양식을 흡수했다. 그러나 그 또한 러시아 민속음악에 매력을 느꼈다. 그는 이렇게 썼다. "나는 러시아 사람, 러시아 말, 러시아의 마음, 러시아의 미적 양식, 러시아의 풍습을 열정적으로 사랑한다. 나는 완벽한 의미에서 러시아 사람이다." 이 감정은 차이코프스키의 걸작들에 한결같이 반영되어 있다. 그의 작품들은 유럽 음악의 기교를 이용하면서도 내적으로는 러시아의 영혼을 구현하고 있다.

안무가 미첼 포킨(위)은 〈빈사의 백조〉를
창조했지만, 그 역할을 완전히 소화한 사람은
안나 파블로바(오른쪽)였다. 그녀는 전세계의 무대
위에서 그 춤을 공연했고, 1931년 프랑스 망명지
에서 맞이한 임종의 순간에는 "나의 '백조'
의상을 준비해달라"고 말했다.

춤을 향한 열정

18세기에 발레가 유럽에서 러시아로 들어왔을 때부터
러시아 민족은 발레에 특별한 열정을 보였다. 발레는 춤
을 사랑하는 슬라브 민족의 전통을 자극했을 뿐 아니라,
아름다운 동작과 음악의 결합, 색채감 있는 의상, 스케
일이 큰 극 구조를 갖추고 있어 러시아의 낭만적인 전설
과 설화를 표현하기에 적합했다.

상트페테르부르크에 황실 발레 학교가 문을 연 것은
1738년이었지만, 러시아 발레가 독자적으로 발전한 것
은 19세기에 들어서였다. 1801년 프랑스 무용가이자 안

무가 샤를 디들로는 푸슈킨의 시에 기초해 연극적인 내
용을 가진 발레를 최초로 안무했으며, 러시아 발레를 유
럽 최고의 수준으로 끌어올렸다.

그의 뒤를 이어 마리우스 프티파는 40년 동안 러시아
발레를 이끌면서 '고전 발레의 아버지' 라는 이름을 얻었
다. 프랑스의 발레 집안에서 태어난 프티파는 1857년
무용수로 상트페테르부르크에 왔고, 1862년 마린스키
극장의 발레 감독이 된 후로 수많은 독창적인 발레를 안
무했다. 프티파와 차이코프스키는 긴밀한 협력을 통해

'발레뤼스'의 무용수들이 1909년 상트페테르부르크 공연을
마친 후 식사를 하고 있다. 자연스러운 도약으로 관객을
놀라게 했던 바슬라프 니진스키가 오른쪽 끝에 서 있다.

세르게이 디아길레프(위)는 그의
발레뤼스를 통해 특별한 재능을
가진 예술가들을 배출했다.
파블로바가 '끔찍한 음악'이라며
〈불새〉의 주역을 거절하자,
디아길레프는 또 다른 프리마 돈나
타마라 플라토브나 카르사비나(왼쪽)에게
그 역할을 맡겼다.
포킨이 안무하고
이고르 스트라빈스키가 작곡한
〈불새〉는 1910년 파리 초연에서
뜨거운 갈채를 받았다.

풍부한 결실을 생산했다. 프티파의 충격적인 안무는 〈백조의 호수〉 〈호두까기 인형〉 〈잠자는 미녀〉와 같은 차이코프스키의 작품들과 훌륭한 조화를 이루었다.

세기가 바뀔 무렵 세르게이 디아길레프라는 천재적인 젊은 감독은 화려한 러시아 발레를 전세계에 알리기로 결심했다. 1909년 파리에서 발레단 '발레 뤼스'를 창단한 디아길레프는 러시아의 아방가르드 안무가 미첼 포킨이 주도하는 보다 자연스럽고 표현적인 발레 양식을 그의 발레단에 도입했다. 안나 파블로바와 바슬라프 니

진스키를 비롯한 젊은 무용수들은 새로운 양식을 훌륭히 소화했다. 선구적인 예술적 개념의 소유자였던 니진스키는 클로드 드뷔시의 〈목신의 오후〉에서 과감한 의상과 에로틱한 연기로, 그리고 이고르 스트라빈스키의 〈봄의 제전〉에서는 독창적인 안무 해석으로 파리를 충격에 빠뜨렸다. 디아길레프는 1912년 그의 발레단을 몬테카를로로 옮겼지만, 그가 러시아 무용에 미친 영향과 그의 무용수들이 민족의식에 미친 영향은 심오하고 영구적이었다.

사실주의에 대한 갈망

1863년 러시아 황실 미술 아카데미는 혼란에 휩싸였다. 수십 명에 이르는 최고의 학생들이 교수들이 강요하는 구성 주제에 항의하여 이반 크람스코이 교수의 주도 하에 아카데미를 자퇴했기 때문이다. 매년 열리는 아카데미 금메달 콘테스트의 주제로 교수들이 '발할라 궁의 문 앞에 선 오딘'을 선택하자, 학생들은 그 주제가 러시아 민족정신을 고양시키기 위해 노력하는 러시아 예술가에게 아무 의미가 없다고 주장했다.

아카데미의 특권을 포기한 학생들은 대부분 미천한 집안 출신이었다. 그들은 일상의 삶을 사실적으로 묘사하는 기법으로 그림을 그렸고, 한편으로는 예술가 조합을 결성해 그들의 작품을 직접 시장에 내놓았다. 그후 1871년, 같은 생각을 가진 다른 예술가들이 합류하면서 '이동하는 미술 전시회를 위한 모임'을 결성했는데, 이 모임은 이른바 페레드비주니키, 즉 이동파라는 이름으로 유명해졌다. 이동파의 예술적 기반은 "민족주의, 인민주의, 사실주의"였고, 니콜라이 게, 일랴 레핀, 바실리 수리코프, 바실리 페로프 같은 이동파 화가들이 세 가지 원리를 반영하는 뛰어난 작품들을 생산했다.

19세기 러시아 회화에서 최고의 걸작으로 손꼽히는

소설가 표도르 도스토예프스키는 일랴 레핀의 〈볼가 강의 배 끌기〉를 두고 러시아 민중을 서사적으로 묘사한 작품이라 높이 평가했고, 단순화된 계급투쟁의 테마들에서 탈피한 그의 능력을 칭찬했다.

일랴 레핀이 1910년 레오 톨스토이와 그의 아내 소피아를 그린 그림 앞에서 톨스토이의 사망 기사를 읽고 있는 동안, 작가 코르네이 추코프스키가 자신의 초상화를 위해 의자에 앉아 기다리고 있다.

1901년 일랴 레핀이 그린 이 초상화에서 상트페테르부르크의 상인이자 미술 후원자 파벨 트레티야코프가 그의 미술관에서 그림을 보고 있다. 트레티야코프는 막대한 재산을 들여 러시아 화가들의 작품을 의뢰하고, 구입하고, 전시했다.

레핀의 〈볼가 강의 배 끌기〉는 이동파 예술을 대표하는 작품이다. 그림의 대상을 상투화된 소외계층이 아니라, 개성을 지닌 개인들로 묘사하기 위해 레핀은 몇 개월 동안 강변 마을들을 돌아다니며 인부들이 배 끄는 모습을 지켜보면서 연필로 스케치를 했다. 결국 이 기념비적인 그림 속에는 모든 연령의 남자들이 다양한 자세로 묘사되었다.

이동파 화가들은 또한 그들의 작품을 민중 앞에 가져가는 것을 중요한 목표로 삼았다. 파벨 트레티야코프라는 상인의 재정적 후원하에 이동파는 러시아 전역을 돌며 수백 회의 전시회를 열었다. 러시아 미술의 열렬한 수집가였던 트레티야코프는 결국 미술관을 열어 그가 수집한 작품들을 전시했고, 1892년 그 미술관을 모스크바 시에 기증했다. 오늘날 이 미술관에는 12세기의 비잔틴 성화 〈블라디미르의 성모〉에서 발렌틴 세로프의 작품에 이르기까지 러시아 회화의 수많은 걸작들이 전시되어 있다. 발렌틴은 제정 러시아 말기의 상류사회를 독특한 시각으로 그린 인상주의 화풍의 초상화로 유명하다.

위의 그림은 메소드 연기법의 아버지 콘스탄틴 스타니슬라프스키의 초상화로, 1908년 발렌틴 세로프가 그렸다. 그는 배우들에게 그들 자신을 배역과 동일시하도록 격려했다. 셰익스피어의 〈줄리어스 시저〉를 준비할 때에는 배우들에게 며칠 동안 로마의 토가를 입고 모스크바를 돌아다니게 했다.

안톤 체호프의 〈바냐 아저씨〉에서 이 장면은 모스크바 예술극장이 선호했던 자연스런 배경, 사실주의적인 소도구, 시대적인 의상을 보여준다.

| 연극, 새로운 세기를 향해

현대적인 러시아 극단은 1897년 6월 배우이자 감독인 콘스탄틴 스타니슬라프스키와 극작가 블라디미르 네미로비치 단첸코가 모스크바의 바자르 레스토랑에서 나눈 18시간의 논의 끝에 탄생했다. 두 사람은 러시아 연극을 옥죄고 있던 연극기법들—가령 강렬한 고통을 표시하기 위해 손을 가슴에 얹는 등, 각각의 감정에 대해 미리 정해진 과장된 동작, 엄격한 패턴으로 나열된 소품과 행위의 부조화, 의상에 대한 심한 규제 등—을 답답하게 느끼고 있었다. 자신의 명성을 걸고 새로운 사실주의 연극

을 도입하기로 결심한 스타니슬라프스키와 네미로비치 단첸코는 재능 있는 젊은 배우와 작가들을 끌어모아 계획을 실행에 옮겼다.

신생 극단은 재정적 후원을 얻기 위해 상인, 기업가, 부유한 후원자들을 찾아다녔다. 그중 한 명이 모스크바 오페라 단의 소유주 사바 마몬토프였다. 그의 극단은 황실 발레와 오페라의 인습에 도전하기 위해 현대적인 장면과 무대를 이용하고 있었다. 스타니슬라프스키와 네미로비치 단첸코는 그가 그들의 뜻에 동조할 것이라 믿

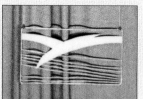

모스크바 예술극장에서는 안톤 체호프(아래 왼쪽)와 막심 고리키(아래 오른쪽) 같은 현대적인 작가들의 희곡을 무대에 올렸다. 체호프의 〈갈매기〉는 상트페테르부르크에서 실패했지만, 스타니슬라프스키가 연출한 모스크바 무대에서는 대성공을 거두었다. 그 공연의 성공으로 극장이 존속할 수 있었기 때문에 1901년 갈매기(오른쪽)를 극장의 상징으로 채택했다.

어 의심치 않았다.

　두 모험가는 그들의 극단을 모스크바 예술극장이라 부르고 극단의 운영을 책임졌다. 스타니슬라프스키는 연출과 연기를 맡고, 네미로비치 단첸코는 새 희곡을 발굴하고 제작을 감독했다. 첫 시즌에서 그들은 전통적인 러시아 연극의 한심한 관례들을 말끔히 쓸어버리고 실물 같은 배경, 자연스런 동작, 사실적인 의상을 선보였다.

　모스크바 예술극장을 통해 국제적인 명성을 얻은 예술가로 사회주의 운동가이자 극작가 막심 고리키, 노르웨이 극작가 헨릭 입센, 여배우 올가 크니퍼가 있다. 그러나 이 극단에 눈부신 공헌을 한 사람은 식료품 장수의 아들이자 러시아 농부의 손자인 극작가 겸 소설가 안톤 체호프였다. 그의 연극들은 스타니슬라프스키가 발전시킨 '내적 감정의 연극'을 충실히 구현했다. 톨스토이는 44세의 나이에 결핵으로 사망한 체호프를 다음과 같이 찬양했다. "그는 러시아 사람뿐 아니라 온 인류가 이해하고 받아들일 수 있는 삶의 예술가다."

검은담비 유라시아의 추운 지방에서 살고, 짙은 갈색 털로 유명한 족제비과 포유동물.

격통 복부나 내장의 급성 통증.

견장 주로 군대 제복에 붙이는 어깨 장식.

경종학자(Agronomist) 토양과 작물을 연구하거나 관리하는 사람.

공국 제후(대공)가 지배하는 중세의 작은 국가.

군주 최고의 권력을 지닌 왕이나 여왕.

귀족토지은행(Nobles' Land Bank) 후손들을 위해 영지를 보존할 수 있도록 신사 계층에게 신용을 담보로 돈을 빌려주었던 정부 대출기관.

까뀌 곡선 모양의 강철 날에 나무 손잡이를 직각으로 달아 나무를 다듬는 데 사용하는 도끼 모양의 도구.

나가이카(Nagaika) 카자흐 족의 채찍.

나카즈(Nakaz) 중앙 정부가 작성하여 소속 관리들에게 내리는 명령 또는 훈령.

내실 여성의 침실이나 거실.

농노 토지에 속박되어 있으며, 지주의 지배를 많이 받는 농민.

능라 대개 금과 은으로 양각의 돋을무늬를 자수로 놓은 비단.

대북방전쟁 1700년대 초 러시아가 폴란드·덴마크와 손잡고 스웨덴과 벌인 전쟁.

대사절 표트르 1세가 투르크에 대항하는 동맹을 맺고 현대적인 조선학과 항법을 배우기 위해 서유럽을 돌았던 여행.

대주교 관할 관구를 지배하는 가장 높은 주교.

데카브리스트(Dekabrist) '12월 당원'. 1825년 차르에 대항해 폭동을 일으켰으나 실패한 당의 당원.

두마(Duma) 도시나 농촌에서 선거를 통해 구성된 의회로, 학교, 물, 도로 등의 공공 서비스를 책임진다. 니콜라이 2세의 통치기에는 입법 활동을 하는 국회가 되었다.

드로슈키(Droshky) 작고 지붕이 없는 마차.

등급표 표트르 1세가 군사·궁정·공무 분야의 관료 서열을 출생보다는 능력에 기초해 정한 표.

루블 러시아 통화.

리네이카(Lineika) 8명에서 10명까지 실을 수 있는 긴 4륜 마차로, 지붕이 없는 것도 있다.

마가목 유라시아의 장미과 나무.

모스크바 공국 모스크바를 중심으로 13세기에서 18세기까지 존재했던 공국.

멘셰비키 '소수파'. 의회 활동을 통해 러시아를 점진적으로 개혁해야 한다고 주장했던 정당.

법랑 유리, 금속, 자기 표면에 용해시켜 붙이는 유리 성질의 물질. 장식이나 보호를 위해 입힌다.

보주(Orb) 주권을 상징하는 공. 십자가가 달린 것도 있다.

볼셰비키 '다수파'. 즉각적이고 폭력적인 정권 탈취를 주장했던 러시아 정당의 이름.

사라판(Sarafan) 블라우스나 슈미즈 위에 걸치는 헐렁헐렁하고 소매가 없는 겉옷.

사모바르(Samovar) 찻물을 끓이는 데 쓰는 러시아 전통의 금속 주전자로, 아래쪽에 물이 나오는 꼭지가 달려 있다.

서리 형 마차 두 좌석의 가벼운 4인승 4륜 마차로, 19세기 말에 사용되기 시작했다.

선거후 미망인 신성 로마 제국의 독일 공작인 선거후의 아내나 미망인.

섭정 적절한 주권자가 없거나 미성년자일 때 그를 대신해 왕국을 다스리는 사람.

성령 강림일 부활절 뒤의 일곱 번째 일요일에 오는 그리스도 교의 축일. 오순절.

성장(Iconostasis) 한 장 또는 여러 장의 성화를 붙인 휘장 또는 나무, 돌, 금속으로 된 칸막이. 동방 그리스도 교회에서 성장은 주로 회중석과 성소를 구분한다.

성화 주로 작은 나무 화판 위에 그린 종교화로, 정교회 신자들이 사용한다.

스텝(Steppes) 유럽 동남부나 아시아의 광활한 평원.

스트렐치 '사격의 명수'. 16세기 차르의 근위대이자 전시의 정예 부대로 설립되었다.

슬라브주의 19세기 중엽 서구화를 반대하는 러시아 철학.

시편 신성한 노래와 시를 모아놓은 구약성서의 한 권.

신사 계층(Gentry) 귀족 계급 중 하위 계층.

아방가르드(Avant-garde) 문학, 시각 예술, 음악에서 정통에서 벗어나거나, 도전적이거나 실험적인 예술.

아스트롤라베(Astrolabe) 태양과 그밖의 별들의 고도를 측정하는 기구. 천문학이나 항법에 사용되었다.

알코노스트(Alkonost) 러시아 전설에 나오는 슬픔의 새. 반은 새이고 반은 여자인 가상의 새로, 미모와 달콤한 노래로 남자를 호려 그의 생명을 보호하거나 파괴하는 힘을 지녔다고 전한다.

야회 밤에 여는 사교 모임.

약제사 치료 목적으로 약물이나 화합물을 제조하고 파는 사람.

연옥 옥의 일종으로, 희끄무레한 색에서 짙은 초록에 이르는 다양한 색깔을 띤다.

영지 영주의 사유지로 대개 면적이 넓으며, 영주의 호사스런 저택이 있다.

이동파 러시아를 돌며 사회 질서에 대한 비판적 성격이 강한 그림들을 전시하던 예술가 그룹. '이동하는 미술 전시회를 위한 모임'.

이물 배의 앞쪽 끝.

전제 군주 무제한적인 권력을 가지고 통치하는 군주.

정교회 동유럽과 근동 지방의 그리스도 교회. 제정 러시아 시대에 국가의 한쪽 팔을 담당했던 러시아의 국교.

젬스트보(Zemstvo) 선거로 구성된 지방 의회로, 모든 계층이 참여한 농촌 지역의 자치회.

조신 궁정에서 시중 드는 사람.

주랑 현관 원주(원기둥)들이 지붕을 떠받치고 있는, 건물 전면의 구조물.

중 2층 1층과 2층 사이의 천장이 낮은 층.

차르(Tsar) 러시아의 절대 권력자. 로마의 황제를 가리키는 시저(caesar)에서 나왔다.

천리안 감각으로 느낄 수 없는 사물이나 행동을 보는 능력.

총대주교 초기 그리스도 교회에서 다섯 지역 중 한 지역의 관할권을 가졌던 최고 지도자.

카샤(Kasha) 껍질을 벗긴 메밀을 으깨 만든 죽으로, 러시아 농부의 주식.

카자흐(Kazak) 타타르 족 후손으로 러시아 남부와 남서부에 거주하는 민족. 승마술로 유명하고 제정 러시아의 기병대로 조직되었다.

카프탄(Caftan) 소매가 길고 허리를 졸라맬 수 있게 된 길고 헐렁

한 옷.

코르셋 몸의 형태를 잡아주거나 지탱하기 위해 고래수염이나 그와 비슷한 재료로 만든, 몸을 조이는 속옷.

코브슈(Kovsh) 음식을 담아두고 마시거나 국자로 퍼서 먹을 수 있는 새 모양의 전통 목제 그릇.

크렘린(Kremlin) 러시아 도시의 요새. 가장 유명한 모스크바의 크렘린에는 많은 궁전과 성당뿐 아니라 중앙 정부의 관청이 있다.

크바스(Kvas) 보리, 꿀, 소금으로 만든 짙은 색의 약한 알코올 음료로, 신맛이 특징이다.

클레보솔스트보(Khlebosolstvo) '빵―소금'. 환대를 의미하는 러시아 단어.

키릴 문자(Cyrillic) 러시아 어를 비롯하여 다양한 슬라브 언어들에서 사용하는 알파벳 문자.

키비트카(Kibitka) 여행할 때 네 명이 누울 수 있는 요람같이 생긴 마차.

탄도학 발사체가 허공에 그리는 움직임을 연구하는 학문.

튜튼(Teutonic) 북유럽계 또는 독일계.

프레오브라젠스키 수비대(Preobrazhensky Guard) 제정 러시아의 군대로서 표트르 대제가 창설한 정예 기병 연대.

프로시니엄(Proscenium) 막과 객석 사이의 무대 공간.

프롤레타리아트 노동자 계급.

프리메이슨단(Freemasonry) 중세의 숙련 석공(Mason) 길드에서 비롯된 세계 최대의 박애주의 비밀 결사체.

혈우병 혈액 응고 인자의 결핍 때문에 과도한 출혈이 발생하는 반성(伴性) 유전병.

혈종 혈관이 손상되어 부풀어오른 상처.

홀 군주가 권력의 상징으로 들고 다니는 봉.

회중석 회중이 이용하는 교회 중앙의 공간.

흥행주 발레단이나 오페라단의 사업과 관리를 담당하는 사람.

흰담비 겨울에 흰색을 띠고 꼬리 끝이 까만 족제비의 일종.

옮긴이 _ 김한영 서울대학교 미학과를 졸업했으며, 현재 전문 번역가로 활동하고 있다. 옮긴 책으로는 《본성과 양육》 《에필로그》《사랑을 위한 과학》《빈 서판》 등이 있다. 2005년에 《빈 서판》으로 백상출판문화 번역상을 수상했다.

What Life Was Like 전쟁과 평화

초판 1쇄 펴낸 날 _ 2005. 4. 20

지은이 _ 타임라이프 북스
옮긴이 _ 김한영
펴낸이 _ 이광식
편   집 _ 곽종구 · 오경화 · 김지연   영   업 _ 박원용 · 조경자
펴낸곳 _ 도서출판 가람기획   등   록 _ 제13-241(1990. 3. 24)
주   소 _ (121-130)서울시 마포구 구수동 68-8 진영빌딩 4층
전   화 _ (02)3275-2915~7   팩   스 _ (02)3275-2918
전자우편 _ garam815@chollian.net   홈페이지 _ www.garambooks.co.kr

ISBN 89 - 8435 - 187 - 3 (04900)
        89 - 8435 - 172 - 5 (set)
ⓒ 가람기획, 2005

* 값은 뒤표지에 있습니다.
* 잘못된 책은 구입한 서점에서 바꿔드립니다.

* 서점에서 책을 살 수 없는 독자들을 위해 우편판매를 하고 있습니다.
    수   협 093-62-112061(예금주:이광식)
    농   협 374-02-045616(예금주:이광식)
    국민은행 822-21-0090-623(예금주:이광식)